职业教育汽车类专业"互联网+"创新教材

智能网联汽车概论

主 编 姚小勇
副主编 刘莉娜 刘助春 易汝龙
参 编 陈 刚 舒 望 罗洋坤

机械工业出版社

本书紧密结合当前智能网联汽车技术发展，对智能网联汽车技术层面进行讲解，主要内容包括绪论、智能网联汽车环境感知系统、智能网联汽车导航定位系统与高精度地图、智能网联汽车通信系统、智能网联汽车先进驾驶辅助与安全预警系统、人工智能技术在智能网联汽车中的应用、智能网联汽车操作系统与应用平台。本书采用项目驱动、任务引领的编写模式，每个项目包括课前导读、学习目标、项目引入、任务实施、思考与练习、拓展提高，每个任务包括任务情境、相关知识等。

本书可作为职业院校汽车智能技术专业、智能网联汽车技术专业及其他相关专业的学习用书，也可以作为技术培训用书，还可以作为智能网联汽车爱好者的科普读物。

为了便于读者自主学习、提高学习效率，本书配备了二维码视频资源，可通过手机扫码观看。

本书配有电子课件、试卷及答案等，凡使用本书作为教材的授课教师可登录机械工业出版社教育服务网 www.cmpedu.com 注册后免费下载。咨询电话：010-88379375。

图书在版编目（CIP）数据

智能网联汽车概论/姚小勇主编. —北京：机械工业出版社，2023.3（2025.8 重印）
职业教育汽车类专业"互联网+"创新教材
ISBN 978-7-111-72384-4

Ⅰ. ①智… Ⅱ. ①姚… Ⅲ. ①汽车–智能通信网–职业教育–教材 Ⅳ. ①U463.67

中国国家版本馆 CIP 数据核字（2023）第 033354 号

机械工业出版社（北京市百万庄大街 22 号　邮政编码 100037）
策划编辑：葛晓慧　　　　　　　责任编辑：葛晓慧
责任校对：潘　蕊　张　薇　　　封面设计：王　旭
责任印制：张　博
北京建宏印刷有限公司印刷
2025 年 8 月第 1 版第 5 次印刷
184mm×260mm・9.25 印张・225 千字
标准书号：ISBN 978-7-111-72384-4
定价：40.00 元

电话服务　　　　　　　　　　网络服务
客服电话：010-88361066　　　机　工　官　网：www.cmpbook.com
　　　　　010-88379833　　　机　工　官　博：weibo.com/cmp1952
　　　　　010-68326294　　　金　书　网：www.golden-book.com
封底无防伪标均为盗版　　　　机工教育服务网：www.cmpedu.com

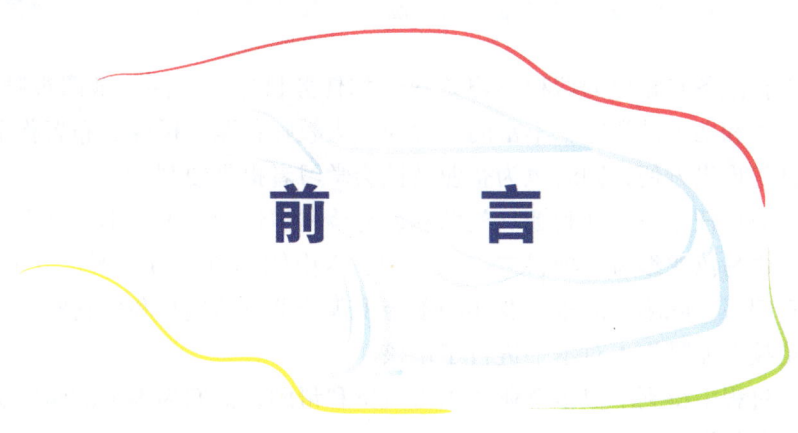

前　言

　　21世纪是智能化的时代，随着电子技术和信息技术的发展，智能网联汽车产业应运而生。智能网联汽车产业是汽车、电子、信息、交通、定位导航、网络通信、互联网应用等行业领域深度融合的新型产业，是全球创新热点和未来发展的制高点。目前，智能网联汽车市场已经形成，行业人才极度匮乏，专业人才的培养任重道远。智能网联汽车技术专业是职业教育的全新领域，为满足智能网联汽车市场对智能网联汽车人才的需求以及职业院校汽车智能网联汽车技术专业的教学要求，突出职业教育的特点，编者结合当前企业所需编写了本书。本书的出版将有助于推动我国智能网联汽车产业人才培养，弥补目前智能网联汽车教学资源的不足，对职业院校的汽车智能技术专业、智能网联汽车技术专业的教学开展与专业建设提供有力的支持。

　　为落实教育部的二十大精神进教材要求，本书在编写过程中编制专项工作方案，组织教材编写团队和审核专家深入学习领会党的二十大精神，将党的二十大精神及时、准确地融入本书，充分体现中央新精神新部署、新要求。本书中，智能网联汽车导航定位系统与高精度地图中的"北斗卫星导航系统"的内容与二十大报告中的"面向世界科技前沿""面向国家重大需求"相吻合；智能网联汽车通信系统中的"华为5G技术"的内容与二十大报告中的"以国家战略需求为导向，集聚力量进行原创性引领性科技攻关，坚决打赢关键核心技术攻坚战"相吻合。

　　本书主要特点如下：

　　1）嵌入素质教育内容，落实三全育人精神。项目以课前导读作为引导内容，主要讲述大国工匠人物、我国汽车工业发展的艰辛与成就、先进企业事迹等内容，激发学生的爱国主义情怀和民族自强意识。

　　2）内容新、模式新。本书是新形态一体化教材，教材附有视频、微课等数字化资源，并紧密结合当前汽车产业的发展及需求，系统地介绍了智能网联汽车的相关知识。采用项目驱动、任务引领的编写模式，每个项目包括课前导读、学习目标、项目引入、任务实施、思考与练习、拓展提高，每个任务包括任务情境、相关知识等。

　　3）平台线上课，知识随时学。本书配套超星学银在线课程资源，可通过超星学习通搜

索课程学习，平台配备有相应的课程学习资料，如任务目标、课件、微课视频、任务测验、拓展资源、考题库和期末试卷等，丰富的资源为广大教师备课、授课、布置作业、进行课堂测验、期末考试等提供方便，同时也为企业及社会学习者提供便利。

　　本书由姚小勇担任主编，刘莉娜、刘助春、易汝龙担任副主编。本书共七个项目，编写分工为：项目一由易汝龙编写、项目二、三、四、六由姚小勇编写，项目五由刘莉娜编写，项目七由刘助春编写，陈刚、舒望、罗洋坤参与了部分项目的编写和资料整理。编者邀请相关企业专家和院校专业带头人对本书进行了审核。

　　本书在编写过程中得到了很多企业的大力支持和帮助，他们为本书的编写提供了丰富的素材和资源，在此特别鸣谢。

　　由于编者水平有限，在编写过程当中难免会出现错误和遗漏，敬请广大读者批评指正，并提供宝贵的意见和建议。

编　者

二维码清单

名称	图形	名称	图形
ADAS 技术原理		ADAS 硬件组成	
GPS 定位技术		GPS 定位技术	
GPS 应用		V2X 技术	
毫米波雷达		移动通信技术	
视觉传感器		视觉传感器在无人驾驶领域中的应用	
视觉传感器在行车安全领域中的应用		视觉传感器在车辆监控领域的应用	
超声波雷达在无人机领域中的应用		超声波雷达	

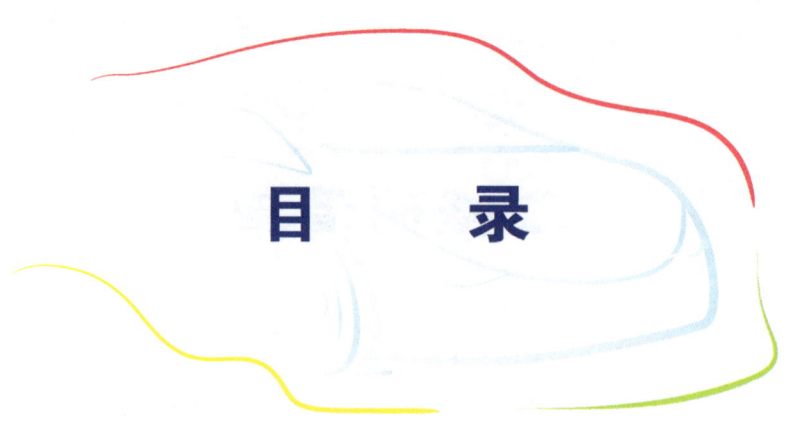

目 录

前　言

二维码清单

项目一　绪论 ... 1
任务一　智能网联汽车发展背景概述 ... 3
任务二　智能网联汽车发展趋势分析 ... 11
任务实施 ... 14
思考与练习 ... 15
拓展提高 ... 15

项目二　智能网联汽车环境感知系统 ... 17
任务一　视觉传感器认知 ... 19
任务二　超声波雷达认知 ... 35
任务三　毫米波雷达认知 ... 39
任务四　激光雷达认知 ... 44
任务实施 ... 51
思考与练习 ... 52
拓展提高 ... 53

项目三　智能网联汽车导航定位系统与高精度地图 ... 54
任务一　导航定位系统认知 ... 56
任务二　高精度地图认知 ... 64
任务实施 ... 66
思考与练习 ... 66
拓展提高 ... 67

项目四　智能网联汽车通信系统 ... 69
任务一　V2X 技术认知 ... 71
任务二　移动通信技术认知 ... 75
任务三　无线通信技术认知 ... 79

任务实施	83
思考与练习	84
拓展提高	84

项目五　智能网联汽车先进驾驶辅助与安全预警系统 · 86

任务一　先进驾驶辅助系统认知	88
任务二　ADAS在智能网联汽车中的应用	97
任务三　智能网联汽车安全预警系统认知	105
任务实施	112
思考与练习	113
拓展提高	113

项目六　人工智能技术在智能网联汽车中的应用 · 115

任务一　人工智能技术概述	117
任务二　人工智能技术的应用	124
任务实施	127
思考与练习	128
拓展提高	128

项目七　智能网联汽车操作系统与应用平台 · 131

任务　智能网联汽车操作系统和应用平台简介	133
任务实施	136
思考与练习	137
拓展提高	137

参考文献 · 139

项目一 绪论

 课前导读

中国汽车从无到有，逐步走向世界前列

新中国成以后，毛泽东在参观斯大林汽车制造厂时，看到一辆辆汽车组装下线，就对随行人员说："我们也要有这样的汽车大工厂！"自此，中国汽车工业开始创造辉煌历史。

从1956年新中国第一辆解放牌货车下线到1958年红旗轿车诞生，仅用很短时间就结束了"中国造不出汽车"的历史！

进入21世纪，汽车技术领域中新能源汽车、电动汽车、氢燃料汽车、无人驾驶汽车、智能网联汽车等无数新技术不断出现，让汽车越来越电气化、智能化。在这些技术领域中，我国迎难而上、不断拓展技术资源、加大研发力度，克难攻坚，最终在汽车电动化、智能化、网联化、轻量化等技术方面走在了世界前列。

当前，中国在智能网联汽车领域已经处于世界领先水平，在5G技术支撑下人工智能、信息通信、大数据、云计算等技术发展迅猛，为中国智能网联汽车的发展奠定了强有力的基础，使中国智能网联汽车综合技术引领世界。

作为当代大学生，要明确自己的历史使命和责任担当，继续发扬老一辈人吃苦耐劳、不畏艰辛、坚韧不拔的精神，勇攀科技高峰，为实现中华民族伟大复兴的强国梦贡献力量！

 智能网联汽车概论

学习目标

通过对本项目的学习，学生能够掌握智能网联汽车的基本概念和技术分类，了解智能网联汽车的发展背景、总体结构、关键技术、发展趋势。

能够：
- 掌握智能网联汽车的定义智能化分级。
- 了解智能网联汽车的层级结构、逻辑结构、技术和物理结构。
- 了解国内外智能网联汽车的发展现状及行业的发展潜力。

项目引入

随着全球汽车保有量的提升，交通安全、环境污染、能源供给等重大问题日益显现，发展安全、高效、绿色出行方式的需求十分强烈。智能网联汽车将为保障交通安全、改善交通通行效率、降低能耗与污染、引导出行模式改变，提供重要解决方案。研究表明，使用智能网联汽车相关技术可减少汽车交通安全事故 50%～80%，提升交通通行效率 10%～30%。智能网联汽车作为新型城市智能交通系统的重要组成部分，在有效加强车辆、道路和使用者三者之间联系，构建新型综合运输系统等方面发挥关键作用，是智能交通、智慧城市的重要支柱。

项目一 绪 论

任务一　智能网联汽车发展背景概述

知识点：智能网联汽车的定义及组成；智能网联汽车的技术架构。
能力点：掌握智能网联汽车的定义及组成；了解智能网联汽车的层次结构及技术架构。

任务情境

伴随着全球汽车产业向电动化、智能化、网联化、共享化的趋势迈进，智能网联汽车已经成为全球汽车产业转型发展的主要方向和促进未来世界经济持续增长的重要引擎。

相关知识

一、智能网联汽车的定义

1. 智能网联汽车的概念

智能网联汽车（Intelligent Connected Vehicle，ICV）如图 1-1 所示。它是指搭载了先进的车载环境感知传感器、智能控制器、决策执行器等设备，并融合现代信息与通信技术，实现车与 X（车、路、人等）的智能网联信息交换、共享，实现复杂环境感知、智能决策、协同控制等功能，具备"安全、高效、舒适、节能"行驶的优势，并最终完成替代人来操纵的新一代汽车。

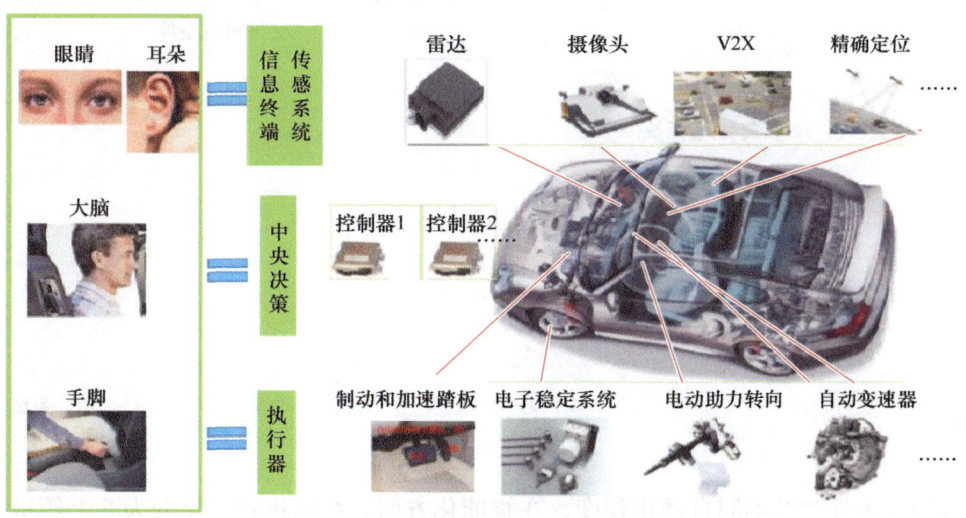

图 1-1　智能网联汽车简图

3

从车辆控制权的归属角度看，智能网联汽车可以分为驾驶人拥有车辆全部车辆控制权、驾驶人拥有部分车辆控制权，以及驾驶人不拥有车辆控制权 3 种形式。其中驾驶人拥有车辆控制权时，根据车辆智能网联化的程度，决定驾驶人拥有车辆控制权的多少。智能网联化程度越高，驾驶人拥有车辆控制权越少，车辆自动驾驶程度越高。

2. 智能网联汽车的等级

在智能化层面，汽车配备了多种传感器（摄像头、超声波雷达、毫米波雷达、激光雷达），实现对周围环境的自主感知，通过一系列传感器信息处理和决策，汽车按照一定控制算法实现预定的驾驶任务。

网联化是指汽车与 X（人、车、路、云端（后台）等）之间通过通信和网络技术进行信息交换。智能化主要指汽车自主获取信息、自主决策和自动控制的能力。智能网联汽车要实现的最终目标是高度自动化/无人驾驶。在国际上，美国汽车工程师学会（SAE）及美国国家高速公路交通安全管理局（NHTSA）分别对自动驾驶的等级做出划分，其中，SAE 根据动态驾驶任务及其失效后的接管者、操作场景限定范围等，将自动驾驶划分为 L0~L5 六个等级，见表 1-1。

表 1-1　美国汽车工程师协会自动驾驶等级划分

SAE 分级	L0	L1	L2	L3	L4	L5
称呼	无自动化	驾驶支持	部分自动化	有条件自动化	高度自动化	完全自动化
SAE 定义	由驾驶人全权驾驶汽车，在行驶过程中可以得到警告	通过驾驶环境对方向和加、减速中的一项操作提供支持，其他由人操作	通过驾驶环境对方向和加、减速中的多项操作提供支持，其他由人操作	由无人驾驶系统完成所有的驾驶操作，根据系统要求，驾驶人提供适当的应答	由无人驾驶系统完成所有的驾驶操作，根据系统要求，驾驶人不一定提供所有的应答。限定道路和环境条件	由无人驾驶系统完成所有的驾驶操作，可能的情况下，不限定道路和环境条件
主体　驾驶操作	驾驶人	驾驶人/系统	系统	系统	系统	系统
主体　周边监控	驾驶人	驾驶人	驾驶人	系统	系统	系统
主体　支援	驾驶人	驾驶人	驾驶人	系统	系统	系统
主体　系统作用域				无		系统

为了区别无人驾驶的不同自动化程度，在智能化方面，我国将智能化分为 5 个等级，即驾驶辅助（DA）、部分自动驾驶（PA）、有条件自动驾驶（CA）、高度自动驾驶（HA）、完全自动驾驶（FA），见表 1-2。

表 1-2 智能网联汽车智能化分级

智能化等级	等级名称	等级定义	控制	监视	失效应对	典型工况
人监控驾驶环境						
1（DA）	驾驶辅助	通过环境信息对方向和加、减速中的一项操作提供支援，其他驾驶操作都由人操作	人与系统	人	人	车道内正常行驶，高速公路无车道干涉路段，泊车工况
2（PA）	部分自动驾驶	通过环境信息对方向和加、减速中的多项操作提供支援，其他驾驶操作都由人操作	人与系统	人	人	高速公路及市区无车道干涉路段，换道、环岛绕行、拥堵跟车等工况
自动驾驶系统（"系统"）监控驾驶环境						
3（CA）	有条件自动驾驶	由无人驾驶系统完成所有驾驶操作，根据系统请求，驾驶人需要提供适当的干预	系统	系统	人	高速公路正常行驶工况，市区无车道干涉路段
4（HA）	高度自动驾驶	由无人驾驶系统完成所有驾驶操作，特定环境下系统会向驾驶人提出响应请求，驾驶人可以对系统请求不进行响应	系统	系统	系统	高速公路全部工况及市区有车道干涉路段
5（FA）	完全自动驾驶	无人驾驶系统可以完成驾驶人能够完成的所有道路环境下的驾驶操作	系统	系统	系统	所有形式工况

在网联化方面，按照网联通信内容及实现的功能不同，它可分为网联辅助信息交互、网联协同感知、网联协同决策与控制 3 个等级，见表 1-3。

表 1-3 智能网联汽车网联化分级

网联化等级	等级名称	等级定义	控制	典型信息	传输需求
1	网联辅助信息交互	基于车-路、车-后台通信，实现导航等辅助信息的获取以及车辆行驶数据与驾驶人操作等数据的上传	人	地图、交通流量、交通标志、油耗、里程、驾驶习惯等信息	传输实时性、可靠性要求较低
2	网联协同感知	基于车-车、车-路、车-人、车-后台通信，在共享自车感知信息的同时，实时获取车辆周边交通环境信息，作为自车决策与控制系统的输入	人与系统	周边车辆、行人、非机动车位置速度、信号灯相位、道路预警等信息	传输实时性、可靠性要求较高
3	网联协同决策与控制	基于车-车、车-路、车-人、车-后台通信，实时并可靠获取车辆周边交通环境信息及车辆决策信息，车-车、车-路等各交通参与者之间信息进行交互融合，形成各交通参与者之间的协同决策与控制	人与系统	车-车、车-路间的协同控制信息	传输实时性、可靠性要求最高

3. 智能网联汽车相关联系

智能网联汽车本身具备自主的环境感知能力，是车联网体系的一个重要节点，通过车载信息终端实现与车、路、行人、业务平台等之间的无线通信和信息交换，其相关联系如图1-2所示。智能网联汽车的聚焦点是在车上，发展重点是提高交通安全性，其终级目标是无人驾驶；无人驾驶汽车是汽车智能化与车联网的完美结合。

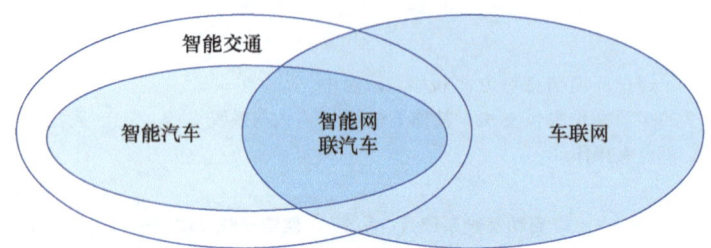

图1-2 智能网联汽车的相关联系

4. 智能网联汽车将具备五大功能

（1）空中升级　汽车应该能够接收空中（OTA）更新其软件和应用程序。智能网联汽车从云端接收OTA更新，驾驶人可受益于新的安全特性并可根据自己的喜好定制新服务。

（2）安全提醒　智能网联汽车可以提醒驾驶人前方道路施工、交通堵塞或灾害天气，并提醒驾驶人谁发了信息，以注意道路安全。家长也可以利用汽车上的数据来监测和评估青少年的驾驶习惯，以便提供一些建议，帮助青少年成为驾驶行为更好，驾驶更安全的驾驶人。

（3）车辆维修　智能网联汽车监控车辆零件的磨损和使用信息，结合用户的驾驶习惯，以预测即将到来的维修需求，系统根据特定的车辆状况和使用情况发送维护提醒和车辆诊断报告。驾驶人可以对维护成本进行计划和预算，避免大量意外的维修费用或车辆坏在路边的情况。

（4）紧急救援　智能网联汽车将配备有针对性的紧急救援功能。如果发生事故，汽车会自动向现场请求紧急救援服务。

（5）个性化定制　智能网联汽车的个性化信息娱乐和车厢内的舒适性不限于提前预设的音乐电台、车厢温度和座位的调整。不久的将来，汽车将区分驾驶人和乘客，进行相应调整，甚至可以区分同一辆车的不同驾驶人，根据不同的驾驶人自动调整驾驶座位。因为系统有学习能力，因此将为每个驾驶人提供定制的导航，系统提供更智能和更多的定制方案。通过高度响应的安全功能、OTA软件空中升级和维护管理，智能网联汽车将使人们的生活变得更轻松。智能网联汽车正在改变人们对汽车的思考和互动方式，将驾驶转变成真正个性化的体验。

二、智能网联汽车的层次结构

智能网联汽车由环境感知层、智能决策层以及控制和执行层组成，以汽车为载体，利用智能感知及处理技术实现车辆有序安全行驶，通过无线通信网络等传输手段为使用者提供多样化的信息服务。智能网联汽车总体结构如图1-3所示。

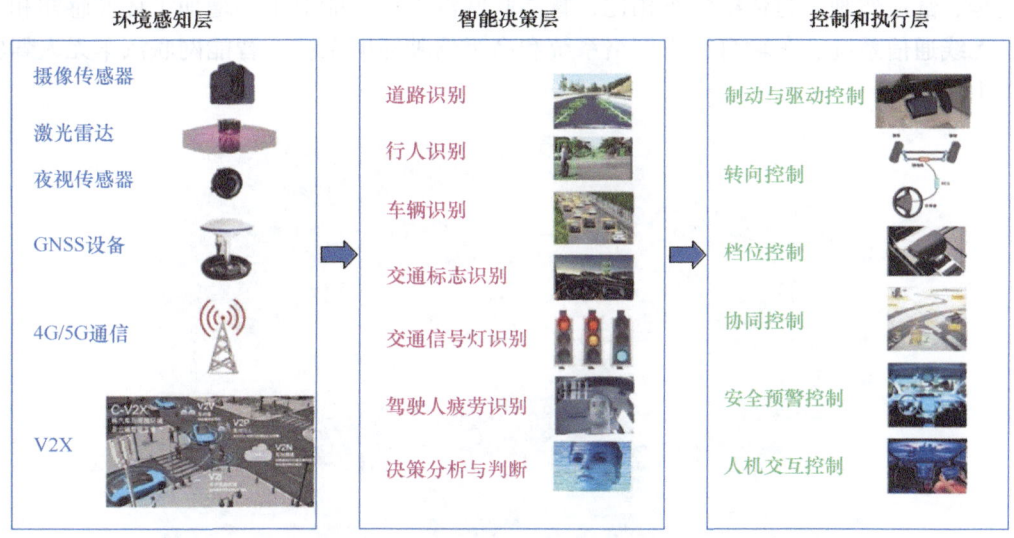

图 1-3　智能网联汽车总体结构

1. 环境感知层

环境感知层的主要功能是通过车载环境感知技术、卫星定位技术、4G/5G 及 V2X 无线通信技术等，实现对车辆自身属性和车辆外在属性（如道路、车辆和行人等）静、动态信息的提取和收集，并向智能决策层输送信息，如图 1-4 所示。

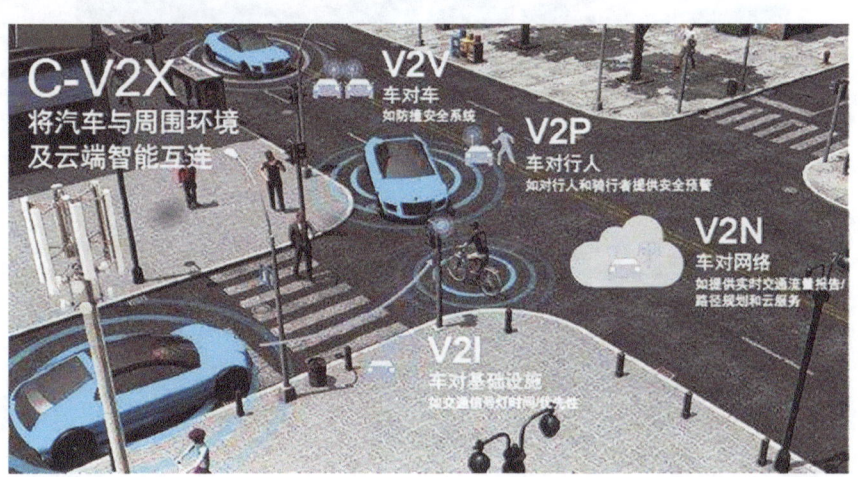

图 1-4　环境感知

2. 智能决策层

智能决策层的主要功能是接收环境感知层的信息并进行融会，对道路、车辆、行人、交通标志和交通信号等进行识别，决策分析、判断车辆驾驶模式和将要执行的操作，并向控制和执行层输送指令，如图 1-5 所示。

3. 控制和执行层

控制和执行层的主要功能是根据智能决策层的指令对车辆进行操作和协调，为智能联网汽车提供道路交通信息、安全信息、娱乐信息、救援信息、商务办公、在线消费等，以保护汽车安全、舒适驾驶。与传统汽车相比，智能联网汽车在功能上主要增加了环境感知和定位系统、无线通信系统、车辆自组织网络系统和高级驾驶辅助系统。智能网联汽车无人驾驶模式如图1-6所示。

图1-5　智能决策识别

图1-6　智能网联汽车无人驾驶模式

1）环境感知和定位系统的主要功能是通过各种传感技术和定位技术，感知车辆本身的状况和车辆周围的状况，包括车辆的行驶速度、行驶方向、运动姿态、道路交通形势等。

2）无线通信系统的主要功能是传输各种数据和信息，分为短距离无线通信和长距离无线通信。智能网联汽车中使用的短程无线通信技术没有统一的标准，尚处于起步阶段，但蓝牙技术、ZigBee技术、WiFi技术、UWB技术、60GHz技术、iIDar技术、DFID技术、NFC技术等专用短程通信技术得到了广泛的应用。远程无线通信技术主要用于提供即时互联网接入，主要包括移动通信技术、微博通信技术、卫星通信技术、4G/5G技术等。

3）车辆自组织网络系统依靠短程无线通信技术实现V2X之间的通信，在一定的通信范围内可以相互交换V2V、V2I、V2P和V2N，并自动建立移动网络。典型应用包括车辆安全警告、辅助驾驶、分布式交通信息发布和基于通信的垂直车辆行驶控制。

4）高级驾驶辅助系统是新一代的尖端技术，通过一些主动安全技术来防止交通事故发生。先进的驾驶辅助系统是无人驾驶汽车关键技术的重要组成部分，世界各大汽车公司都在积极开发各种驾驶辅助系统。

三、智能网联汽车技术架构

智能网联汽车技术架构如图1-7所示。

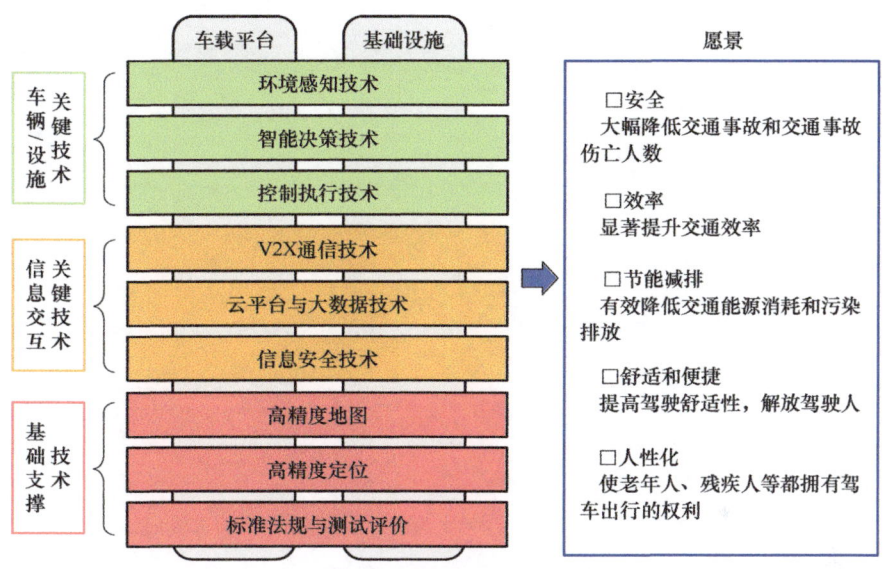

图1-7 智能网联汽车技术架构

智能网联汽车结合了自主智能汽车和网络智能汽车的技术优势，根据自动驾驶汽车的感知系统、决策系统和执行系统等核心技术，涉及汽车传感技术、信息通信、交通运输等多个领域，可分为信息交互、基础支持、支持平台和基础设施等。所涉及的关键技术及规则、评价有：

环境感知技术：包括机器视觉图像识别技术、雷达周边障碍物检测技术（激光、毫米波、超声波）、多源信息融合技术、传感器冗余设计技术等。

智能决策技术：包括风险建模技术、风险预警与控制优先级、群体决策与协调技术、局部轨迹规划、驾驶人多样性影响分析等。

控制执行技术：包括驱动/制动的纵向运动控制、转向的横向运动控制、基于驱动/制动/转向/悬架的集成底盘控制、集成V2X的车辆网络通信和车载传感器、车队列协同和车辆道路协调控制等。

V2X通信技术：包括车辆专用通信系统、车与车信息共享与协同控制通信保障机制、移动自组织网络技术、多模通信融合技术等。

云平台与大数据技术：包括智能联网汽车云平台架构和数据交互标准、云操作系统、数据高效存储和检索技术、大数据关联分析和深度挖掘技术等。

信息安全技术：包括汽车信息安全建模技术、数据存储、三维安全系统的传输与应用、汽车信息安全测试方法、信息安全漏洞应急机制等。

高精度地图和高精度定位技术：包括高精度地图数据模型和采集方式标准化技术、交换格式和物理存储技术、基于北斗地面增强的高精度定位技术、多源辅助定位技术等。

标准与法规：包括 ICV 整体标准体系，以及涵盖汽车、交通、通信等各个领域的关键技术标准。

测试评价：包括 ICV 试验评价方法和试验环境建设。

项目一 绪 论

任务二 智能网联汽车发展趋势分析

知识点：智能网联汽车的发展趋势。
能力点：了解智能网联汽车的发展趋势。

任务情境

自智能网联汽车提出以来，各国争相研制研发智能网联汽车，智能网联汽车的发展趋势是怎样的？

相关知识

一、国际智能网联汽车的发展

1. 智能网联汽车战略地位凸显

全球主要发达国家和地区都将智能网联汽车作为未来发展的重要战略方向，加快产业布局，制订产业政策和发展规划，制定智能网联汽车相关法律法规，发布实施开放道路测试规范，多种措施并举，加快推进智能网联汽车产业发展进程。

美国已明确将汽车智能化、网联化作为两大核心战略，其交通部更是长期致力于推动汽车产业发展。2018年10月4日，美国最新发布的自动驾驶汽车指导文件《准备迎接未来交通：自动驾驶汽车3.0》，为自动驾驶汽车与智能交通系统的安全融合提供了支持。欧盟在《阿姆斯特丹宣言》中规划了自动驾驶汽车的发展蓝图。2018年5月，欧盟委员会发布了《通往自动化出行之路：欧盟未来出行战略》，明确到2030年进入完全自动驾驶社会，欧盟各成员国也相继出台了各项政策措施。日本将自动驾驶汽车的普及作为经济增长战略的支柱，2018年日本政府与国土交通省相继发布《自动驾驶相关制度整备大纲》和《自动驾驶汽车安全技术指南》，体现了对自动驾驶汽车的顶层设计和政策协同的高度重视。中国从智能网联汽车顶层设计、战略规划、标准法规等多方面也在深入推进产业发展。

2. 智能网联汽车成为技术变革的重要载体

沃尔沃率先提出到2020年实现零伤亡，并第一个提出愿意为其自动驾驶事故负责。在2015年12月，沃尔沃发布了最新的旗舰轿车S90，一同搭载的还有最新的驾驶辅助系统Pilot-Assist，将自适应巡航的最高限速提高到了130km/h，沃尔沃自动驾驶进程如图1-8所示。

2016年7月13日，日产在日本本土发布了全新Serena（多年蝉联日本7/8座MPV车型销量冠军），这是首款搭载Propilot自动驾驶系统的量产车型。日产汽车自动驾驶进程如图1-9所示。

智能网联汽车概论

图 1-8　沃尔沃自动驾驶进程

图 1-9　日产汽车自动驾驶进程

二、国内智能网联汽车的发展

我国从 20 世纪 80 年代开始着手无人驾驶汽车的研制开发，虽与国外相比还有一些距离，但也取得了阶段性成果。国内中国科学院合肥研究院、清华大学、国防科技大学、上海交通大学、西安交通大学、吉林大学、同济大学、天津军事交通学院等都有过无人驾驶汽车的研究项目。特别是北京理工大学和中国科学院合肥研究院，在无人车技术上已取得全国领先的成果，在国内的多个无人车比赛中经常受邀以表演队的身份参加。1992 年，国防科技大学研制成功了我国第一辆真正意义上的无人驾驶汽车，由计算机及其配套的检测传感器和液压控制系统组成的计算机自动驾驶系统，被安装在一辆国产的中型面包车上，使该车既保持了原有的人工驾驶性能，又能够用计算机控制进行自动驾驶行车。2000 年 6 月，国防科技大学研制的第 4 代无人驾驶汽车试验成功，最高速度达 76km/h，创下国内最高纪录。2003 年 7 月，国防科技大学和中国一汽公司联合研发的红旗无人驾驶轿车在高速公路试验成功，自主驾驶最高稳定速度达 130km/h，其总体技术性能和指标已经达到世界先进水平，如图 1-10 所示。

我国高度重视自主驾驶和智能网络化车辆的发展，2020 年 2 月，国家发改委发布了《智能汽车创新发展战略》计划，根据该计划，到 2025 年，中国标准智能汽车的技术创新、产业生态、基础设施、法规标准、产品监管和网络安全体系基本形成。实现有条件自动驾驶的智能汽车达到规模化生产，实现高度自动驾驶的智能汽车在特定环境下市场化应用。智能

图1-10 红旗无人驾驶汽车

交通系统和智慧城市相关设施建设取得积极进展，车用无线通信网络（LTE-V2X等）实现区域覆盖，新一代车用无线通信网络（5G-V2X）在部分城市、高速公路逐步开展应用，高精度时空基准服务网络实现全覆盖。展望2035到2050年，中国标准智能汽车体系全面建成、更加完善。安全、高效、绿色、文明的智能汽车强国愿景逐步实现，智能汽车充分满足人民日益增长的美好生活需要。

得益于技术进步、需求增加、政策支持、市场的开拓，我国智能网联汽车市场得到了高速拓展。随着智能网联汽车如ADAS、泊车辅助等实用功能为用户带来的便利，进一步刺激了民众的消费欲望，预计2023年我国智能网联汽车销量占全球智能网联汽车销量的比重将达到20.8%。

我国智能网联汽车发展目标及路径如图1-11所示。

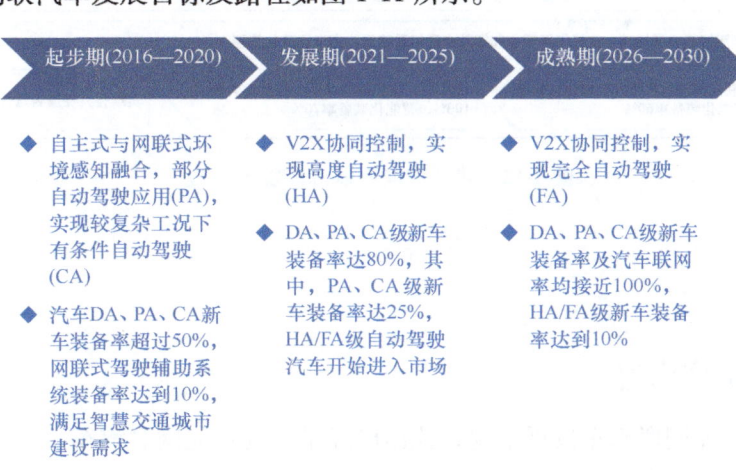

图1-11 我国智能网联汽车发展目标及路径

到目前为止，我国在北京、上海、重庆、无锡等地已经建立16个自动驾驶汽车试验场地，为更高水平的自动驾驶奠定了基础。

我国智能网联车辆的发展进程如图1-12所示，可分为四个阶段：驾驶辅助、部分/高度自动驾驶、完全自主驾驶和智慧共享。

近年来，汽车企业和技术企业加快了智能网联汽车产品的推出，稳步推进了自主驾驶技术的商业化。

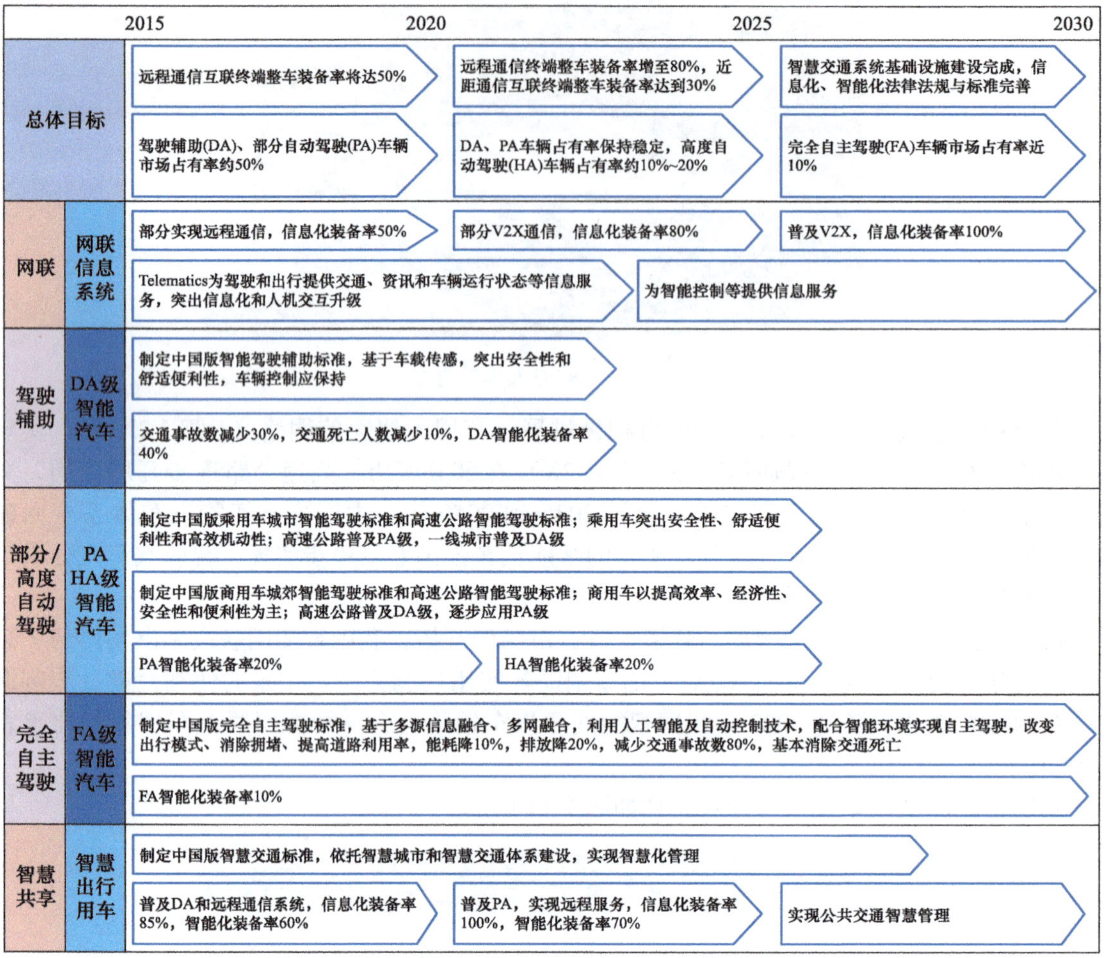

		2015	2020	2025	2030
总体目标		远程通信互联终端整车装备率将达50%	远程通信终端整车装备率增至80%，近距离通信互联终端整车装备率达到30%	智慧交通系统基础设施建设完成，信息化、智能化法律法规与标准完善	
		驾驶辅助(DA)、部分自动驾驶(PA)车辆市场占有率约50%	DA、PA车辆占有率保持稳定，高度自动驾驶(HA)车辆占有率约10%~20%	完全自主驾驶(FA)车辆市场占有率近10%	
网联	网联信息系统	部分实现远程通信，信息化装备率50%	部分V2X通信，信息化装备率80%	普及V2X，信息化装备率100%	
		Telematics为驾驶和出行提供交通、资讯和车辆运行状态等信息服务，突出信息化和人机交互升级		为智能控制等提供信息服务	
驾驶辅助	DA级智能汽车	制定中国版智能驾驶辅助标准，基于车载传感，突出安全性和舒适便利性，车辆控制应保持			
		交通事故数减少30%，交通死亡人数减少10%，DA智能化装备率40%			
部分/高度自动驾驶	PA HA级智能汽车	制定中国版乘用车城市智能驾驶标准和高速公路智能驾驶标准；乘用车突出安全性、舒适便利性和高效机动性；高速公路普及PA级，一线城市普及DA级			
		制定中国版商用车城郊智能驾驶标准和高速公路智能驾驶标准；商用车以提高效率、经济性、安全性和便利性为主；高速公路普及DA级，逐步应用PA级			
		PA智能化装备率20%	HA智能化装备率20%		
完全自主驾驶	FA级智能汽车	制定中国版完全自主驾驶标准，基于多源信息融合、多网融合，利用人工智能及自动控制技术，配合智能环境实现自主驾驶，改变出行模式、消除拥堵、提高道路利用率，能耗降10%，排放降20%，减少交通事故数80%，基本消除交通死亡			
		FA智能化装备率10%			
智慧共享	智慧出行用车	制定中国版智慧交通标准，依托智慧城市和智慧交通体系建设，实现智慧化管理			
		普及DA和远程通信系统，信息化装备率85%，智能化装备率60%	普及PA，实现远程服务，信息化装备率100%，智能化装备率70%	实现公共交通智慧管理	

图 1-12 我国智能网联汽车发展进程

任务实施

一、任务实施内容

根据国内外智能网联汽车发展情况，找出已经量产的智能网联汽车，并将其型号写入实训工单。

二、实施步骤

1）查阅参考文献找出最新量产的智能网联汽车。
2）根据生产地区进行分类。
3）根据车辆特性进行分类。
4）填写下列实训工单。

项目一 绪 论

实训工单

实训项目		查找智能网联汽车的量产车型		
姓名		班级		学号
实训地点		学时		日期
实训结果				
车型序号	车型名称	属性1	属性2	属性3	属性4
1					
2					
3					
实训结果分析				
指导教师			成绩	

归纳总结

　　汽车智能化已经是不可逆的趋势，汽车技术正朝着电动化、智能化、网联化、共享化的"四化"方向发展，给汽车工业的发展带来了巨大的挑战和机遇。信息技术、网络技术等先进技术的运用将全面升级传统汽车产业，并与互联网产业深度融合。软硬件厂商的技术升级与合作，能够提高用户信息安全，推动智能汽车生态平台的搭建，满足用户在汽车上的娱乐、办公、社交、出行、购物等多场景下的服务需求，在世界新一轮技术革命的影响下，未来汽车工业将经历一次突破性的创新。

思考与练习

1. 智能网联汽车的定义是什么？
2. 智能网联汽车在智能化层面，通常可配有哪些传感器？
3. 智能网联汽车要实现的最终目标是什么？
4. 我国在汽车智能化方面可划分为哪几个层面？
5. 我国在汽车网联化方面可划分为哪几个层面？
6. 我国制定了哪些自动驾驶测试的相关法律法规？
7. 智能网联汽车所涉及的关键技术有哪些？

拓展提高

我国智能驾驶汽车新发展

1. 百度无人驾驶汽车

　　百度无人驾驶车项目于2013年起步，由百度研究院主导研发，其技术核心是"百度汽车大脑"，包括高精度地图、定位、感知、智能决策与控制四大模块。其中，百度自主采集和制作的高精度地图可记录完整的三维道路信息，能在厘米级精度实现车辆定位。同时，百度无人驾驶车依托国际领先的交通场景物体识别技术和环境感知技术，实现高精度车辆探测识别、跟踪、距离和速度估计、路面分割、车道线检测，为自动驾驶的智能决策提供依据。

Apollo Park 自 2018 年底开始筹备，已经配置自动驾驶测试车辆超 200 台，是百度 Apollo 当前在国内最大的应用测试基地。基地内设有自动驾驶和车路协同研发中心、车辆标定中心、维修检测中心、远程大数据云控中心、国内安全指挥中心、资产仓储中心、测试安全学院培训教室等配套功能，且室外设独立测试闭环道。目前，百度 Apollo 已经成为全球最大的自动驾驶开放平台。百度 Apollo 的自动驾驶车辆已驶过全球 24 座城市，实现 10 万次以上安全载客出行。在北京，百度 Apollo 2018 年、2019 年连续两年成为在京投入自动驾驶测试车辆最多、测试里程最长的企业，涵盖自动驾驶车辆从研发到测试全流程。2019 年 12 月，北京市发布《自动驾驶车辆道路测试管理实施细则（试行）》，首次允许自动驾驶车辆进行载人和载物测试。当月，百度 Apollo 获得 40 张自动驾驶载人测试牌照，成为国内首家获准在北京市展开自动驾驶载人测试的企业。2021 年 4 月，百度 Apollo Robotaxi 全面上线百度地图及百度 APP，成为我国首个通过国民应用全面开放的 Robotaxi 自动驾驶试乘服务。百度无人驾驶测试车如图 1-13 所示。

2. 湖南湘江新区智能驾驶测试系统

湘江新区智能系统测试区（图 1-14）是目前国内测试里程最长、场景类型最复杂的封闭智能系统测试区，涵盖 12km 测试道路、78 个智能驾驶测试场景，可为物流重型货车、乘用车、商用车等多种类型智能驾驶车辆提供一站式智能驾驶测试服务，特别是其 3.6km 双向高速公路模拟测试环境和无人机测试跑道在国内独树一帜。

已有一汽集团、阿里巴巴达摩院、三一集团、国防科大、长沙智能驾驶研究院等单位在测试场开展了几百场测试，并呈现稳步递增的态势。

截至 2020 年年底，湘江新区开放 100km 智能驾驶开放道路片区，建成智慧高速示范线，打造"基于 5G 互联的智能网联汽车与智慧出行生态示范片区"。

图 1-13 百度无人驾驶测试车

图 1-14 湖南湘江新区智能系统测试区

项目二
智能网联汽车环境感知系统

 课前导读

无人驾驶的环境感知技术

环境感知作为智能网联汽车的第一环节，处于智能驾驶车辆与外界环境信息交互的关键位置，其关键在于使智能驾驶车辆更好地模拟人类驾驶人的感知能力，从而理解自身和周边的驾驶态势。

相机、雷达、定位导航系统等为智能驾驶车辆提供了海量的周边环境及自身状态数据，这些以图像、点云等形式呈现的数据包含了大量与驾驶活动无关的信息。选择性作为人类自然感知的重要特征，可以帮助智能驾驶车辆聚焦当前驾驶行为，确保智能驾驶的安全性和实时性。环境感知需要遵照近目标优先、大尺度优先、动目标优先、差异性优先等原则，采用相关感知技术对环境信息进行选择性处理。

智能驾驶车辆获取和处理环境信息，主要用于状态感知和 V2X 网联通信。状态感知主要通过车载传感器对周边及本车环境信息进行采集和处理。

学习目标

通过对本项目的学习，学生能够掌握智能网联汽车环境感知与识别系统的组成，了解视觉传感器、毫米波雷达和激光雷达的功能以及它们在智能网联汽车中的应用。

能够：
- 掌握视觉传感器的原理与组成，了解视觉传感器在智能网联汽车中的实际应用。
- 掌握超声波雷达的原理与组成，了解超声波雷达在智能网联汽车中的实际应用。
- 掌握毫米波雷达的原理与组成，了解毫米波雷达在智能网联汽车中的实际应用。
- 掌握激光雷达的原理与组成，了解激光雷达在智能网联汽车中的实际应用。
- 了解多传感器融合技术。

项目引入

视觉传感器和雷达作为智能网联汽车的"眼睛"和"耳朵"在智能网联汽车环境感知中起着关键性的作用。

据公安部统计数据，近84%的交通事故归因于驾驶人的驾驶失误，人已成为交通安全中最大的不确定性因素。智能网联汽车作为先进的智能化汽车，利用视觉传感器和雷达相融合，通过算法实现人类经验难以比拟的判断速度与精度，大大减少了交通事故的发生。

任务一 视觉传感器认知

知识点：视觉传感器的分类与结构，视觉传感器的工作原理；视觉传感器的应用。
能力点：掌握视觉传感器的结构及工作原理；掌握视觉传感器的应用范围。

任务情境

智能网联汽车的发展离不开视觉传感器，视觉传感器在汽车上的应用非常广泛，主要用于道路边缘线检测、车道保持、防碰撞系统、盲区检测系统等。

相关知识

一、视觉传感器概述

1. 车载摄像头介绍

车载摄像头是智能网联汽车环境感知系统的主要视觉传感器，其主要功能是测距、测角度、测量障碍物大小和速度。其中前视摄像头多采用单目和双目摄像头，装在前风窗玻璃上，水平视角为45°，垂直视角为38°，可以识别行人、车辆、斑马线、交通标志等，以实现AEB、FCW、TSR、LDW等主动安全功能。在汽车四周安装了多个摄像头，可实现360°全景影像功能，见表2-1。

车载摄像头安装位置示例如图2-1所示。

表2-1 车载摄像头

安装部位	摄像头类型	实现功能	摄像头功能描述
前视	单目 双目	FCW、LDW、TSR、ACC、PCW	视角一般为45°，双目摄像头拥有更好的测距功能，但需要装在两个位置，成本较单目贵50%左右
环视×4	广角	全景泊车、LDW	广角镜头，在车四周装配4个通过图像拼接实现全景图，加入算法可实现道路线感知
后视	广角	后视泊车辅助	广角或鱼眼镜头，主要为倒车后视摄像头
侧视×2	广角	盲点检测、代替后视镜	盲点检测主要使用超声波雷达，但目前也有使用摄像头代替
内置	广角	闭眼提醒	广角镜头，一般装在车内后视镜处

在镜头获取图像后，摄像头中的光电元件和控制元件对图像进行处理，并将其转换成控制单元可处理的数字信号，从而实现车辆周围的路况、前方碰撞警告、车辆偏移报警和行人检测等辅助驾驶功能。

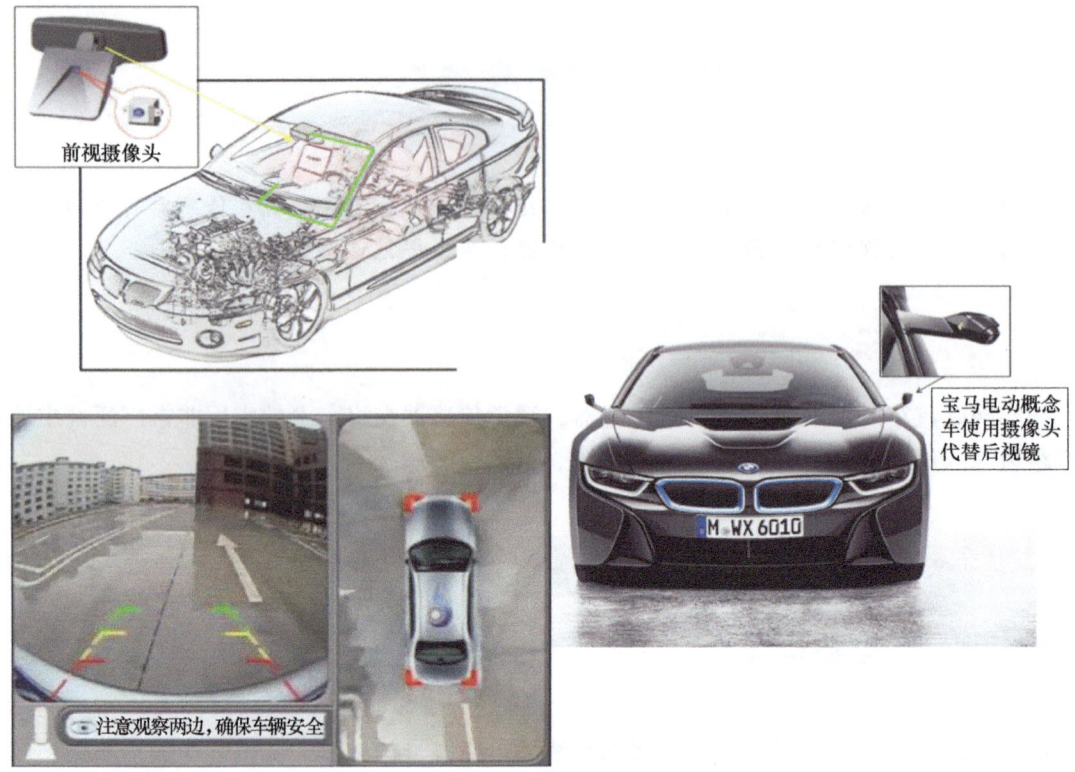

图 2-1 车载摄像头

图像传感器又称成像装置或摄像装置,是智能车辆路径识别模块中摄像头的重要组成部分,可以检测可见光、紫外线、X 射线、近红外光等,实现视觉功能的信息采集、转换和扩展,提供真实、多级、多内容的视觉图像信息。图像传感器分为 CCD 图像传感器和 COMS 图像传感器。

图像传感器的原理是:车内摄像头将采集到的图像转换成二维数据,通过图像匹配进行识别,如车辆、行人、车道线、交通标志等,利用物体的运动模式或双目定位来估计目标物体与车辆的相对距离和相对速度,如图 2-2 所示。

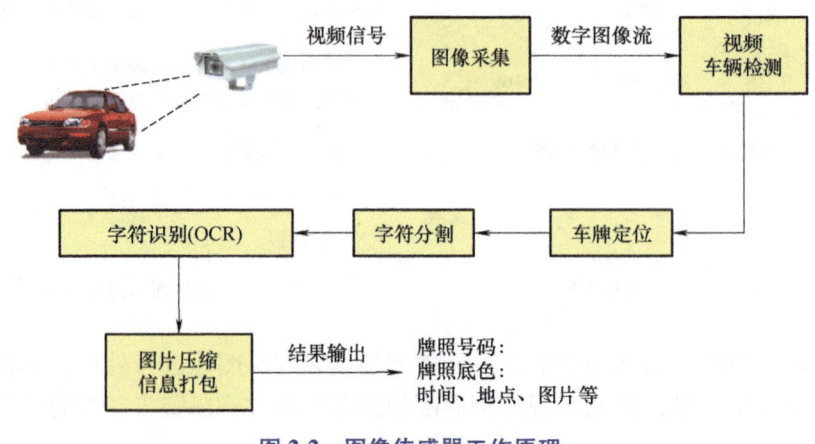

图 2-2 图像传感器工作原理

车载摄像头是汽车电子产品的一部分，是自动驾驶系统的核心部件，其视觉感知由硬件和软件组成，包括摄像头模块、核心算法芯片和软件算法。

（1）摄像头模块　摄像头模块（图 2-3）需要满足车辆全天候的需要，一般需要在光暗对比度过大的情况下平衡图像中过亮或过暗的部分，摄像头对光敏感，需要避免芯片在感光下承受过大的图形处理压力。为保证捕获图像的要求，图形处理的软件算法很重要。

行车记录仪使用的摄像头需要尽可能多地查看车辆前部周围的环境信息，后视镜观察两个前轮的水平视角约 110°。行车辅助功能中，摄像头可用来单独实现很多功能，这些功能更加强调对输入图像的处理，从拍摄的视频流中提取有效目标的运动信息做进一步分析，给出预警信息或直接调动控制机构。摄像头功用见表 2-2。

图 2-3　摄像头模块

表 2-2　摄像头功用

	预警	控制
横向	车道偏离警告（LDW）	车道保持功能（LKA）
纵向	前车碰撞预警（FCW） 行人碰撞预警（PCW）	紧急制动（AEB） 自适应巡航（ACC）

（2）核心算法芯片　图像核心算法对计算资源的要求很高，因此芯片的性能比较特殊。如果在算法上叠加深度学习以提高识别率，硬件性能需要满足运行速度、功耗和成本的要求。ARM、DSP、ASIC、MCU 和 SOC 是软件编程的嵌入式解决措施，因为 FPGA 直接编程硬件，所以它的处理速度比嵌入式快，GPU 和 FPGA 具有很强的并行处理能力。

（3）软件算法　传统的计算机视觉识别过程大致可分为图像输入、预处理、特征提取、特征分类、匹配和完全识别。识别障碍物时有许多可用功能来判断前方障碍物是否为汽车。参考特性可以是尾灯或车辆底盘在地面上投射的阴影，包括输入图像噪声的平滑、对比度增强和边缘检测信号的预处理、分类识别结果的再处理等。深度学习使计算机能够模拟人类思维的神经网络，并能自行学习和判断。通过将校准后的原始数据直接输入计算机（如收集一堆汽车图片，然后将其放到计算机上），让计算机了解汽车是什么。这样，可以消除视觉特征提取、预处理等步骤，将感知过程简化为输入图像-输出结果的两个步骤。算法识别示意如图 2-4 所示。

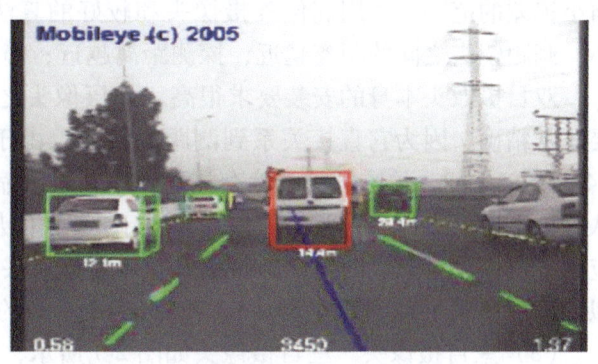

图 2-4　算法识别示意

2. 车载摄像头分类

自主驾驶和人工智能的出现，使人们需要从摄像头中获得更智能的结果，即通过摄像头的视场，分析感知环境的变化，做出判断，并将结果反馈给终端或云端。智能驾驶汽车使用的摄像头主要有单目摄像头、双目摄像头和三目摄像头三种，具体的应用如下。

（1）单目摄像头　单目摄像头的算法是先识别、后测距，首先通过图像匹配对图像进行识别，然后根据图像的大小和高度进一步估计障碍物和车辆相遇的时间。在识别和估计阶段，需要与已建立的样本数据库进行比较。要识别各种车型，需要建立车型数据库，如果要识别动物就需要建立动物数据库。

单目摄像头，如图2-5所示，一般安装在前风窗玻璃上部，用于探测车辆前方环境，识别道路、车辆、行人等，广泛应用于自适应巡航、车道偏离预警、前撞预警、行人检测等功能中。它具有成本低、帧速率高、信息丰富、观测距离长等明显的优点，但易受环境影响，缺乏深度信息。

（2）双目摄像头　双目摄像头如图2-6所示，双目摄像头的算法是先距离测量、后识别，先利用视差直接测量障碍物与汽车之间的距离。其原理与人眼相似，当两只眼睛注视同一物体时，会有视差，分别闭上左右眼睛看物体时，会发现感觉位移，根据这种位移大小可以进一步测量目标物体的距离。

图 2-5　单目摄像头　　　　　　　　　图 2-6　双目摄像头

识别阶段，双目摄像头仍然使用相同的特征提取和深度学习算法来进一步识别障碍物。

由于视差越来越小，双目摄像头20m范围内具有明显的测距优势，在20m以外，很难缩小视差的范围。采用高像素摄像头和较好的算法可以提高测距性能。双目摄像头间距越小，测距镜头之间的距离越近，探测距离越近；镜头间距越大，探测距离越远。

双目摄像头本身的安装要求很高，如摄像头之间的距离在10~20cm之间，这个距离需要非常精确，因为它直接关系到测距的精度。由于汽车所处的环境复杂多变，温度要求在-40°~85°之间，传感器材必然存在热膨胀和热收缩问题，这也将影响两个透镜之间的距离。从理论上讲，立体摄像头的误差可以小于1%，但从实际应用水平来看，1%和3%在现有的应用环境中没有太大的差别，特别是在单目摄像头配备毫米波雷达等传感器后，可以达到类似的精度，满足自动驾驶L1、L2和部分L3场景的功能要求。

（3）三目摄像头　三目摄像头如图2-7所示，其划分为25°视场、50°视场和150°视场。25°视场用于检测前车道线、交通灯；50°视场负责一般的道路状况监测；150°视场的鱼眼用于检测平行车道、行人和骑自行车者的状况。然后，在不同摄像头覆盖距离的交叉口，两台相邻摄像头之间测量障碍物的距离可能不同，误差约为10m。

图 2-7　三目摄像头

二、视觉传感器在智能网联汽车中的实际应用

智能网联汽车的车载摄像头可实现车道偏离警告、前方碰撞预警、行人碰撞预警、交通标志识别、盲点监测、疲劳预警（驾驶人注意力监控）、车道保持辅助、泊车辅助、全景停车、红外夜视和车道维修辅助等功能。以特斯拉为例，特斯拉 Autopilot 2.0 L2 级智能驾驶汽车拥有 3 个前视摄像头，3 个后视摄像头，2 个侧视摄像头，12 个超声波雷达和一个安装在车身上的前毫米波雷达，如图 2-8 所示。

图 2-8　视觉传感器在汽车上的应用

1. 车道偏离警告

车道偏离警告系统是一种辅助驾驶人通过警告来减少因为车道偏离引起的交通事故的系统，如图 2-9 所示。车道偏离警告系统主要由 HUD 抬头显示器、摄像头、控制器和传感器组成。当车道偏离警告系统打开时，摄像头将始终收集车道标记线，可以通过图像处理获得当前车道中的车辆的位置参数。当车辆离开车道时，传感器将及时收集车辆数据和驾驶人的操作状态，然后由控制器发出警报信号，整个过程大约在 0.5s 内完成，为驾驶人提供更多的反应时间，其原理如图 2-10 所示。如果驾驶人打开转向灯并正常改变车道，车道偏离警

告系统将不会给出任何提示。

图 2-9 车道偏离警告系统

通过相机捕获运动　　　　　分割出感兴趣区域　　　　　边缘提取与持续跟踪
车辆前方路面图像

图 2-10 车道偏离预警系统原理

当前，汽车中装载的车道偏离警告系统都是基于视觉传感器，根据摄像头安装位置的不同，系统可分为侧视系统和前视系统。

侧视系统：摄像头安装在车辆侧面，斜向车道。

前视系统：摄像头安装在车辆前部，对角指向前车道。

侧视系统和前视系统都由 3 个基本模块组成：道路和车辆状态感知、车道偏离评估算法和信号显示界面。

2. 前方碰撞预警

前方碰撞预警（FCW）系统可以通过雷达系统对前方车辆进行监控，确定前方车辆之间的距离、方位和相对速度，并在存在潜在碰撞风险时向驾驶人发出警告，如图 2-11 所示。FCW 系统本身不采取任何制动措施以避免碰撞或控制车辆。

FCW 系统主要用于帮助驾驶人避免高速及低速追尾、高速下无意识偏离车道、与行人

项目二 智能网联汽车环境感知系统

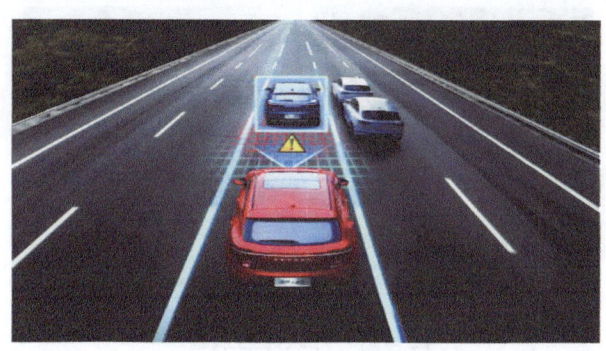

图 2-11 前方碰撞预警

相撞等重大交通事故。像第三只眼一样，帮助驾驶人不断检测车辆前方的路况，识别各种潜在的危险，并使用不同的声音和视觉提醒，帮助驾驶人避免或减缓碰撞。当路面出现危险时，驾驶人如果在预定的时间内采取措施，主动安全系统将升级为车辆自主控制系统，自主控制系统启动替代人员操控。具体实例如图 2-12、图 2-13 所示。

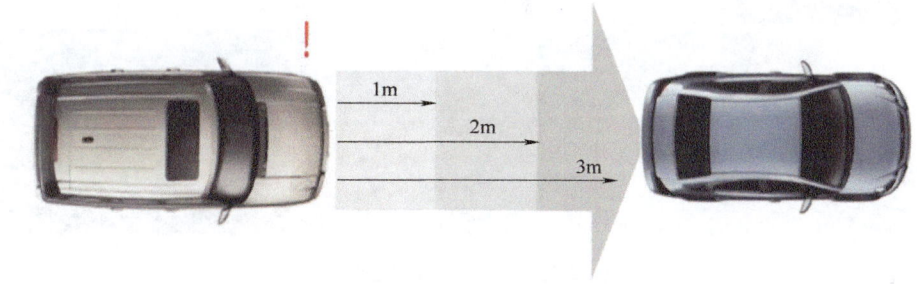

图 2-12 前方车辆接近警告

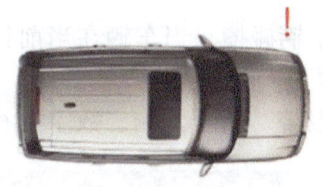 

图 2-13 前车起动报警

3. 行人碰撞预警

行人碰撞预警系统主要用于协助驾驶人避免高速及低速追尾，高速中无意识偏离车道，与行人碰撞等重大交通事故。汽车防碰撞预警系统基于智能视频分析处理，通过动态视频摄像技术、计算机图像处理技术来实现其预警功能，如图 2-14 所示。

目前的汽车正面碰撞预警系统用毫米波雷达主要有两个频段：24GHz 和 77GHz，其主要功能有距离监控和追尾报警、正面碰撞报警、车道偏离报警、导航功能、黑匣子功能。正向防追尾警告如图 2-15 所示。

（1）距离监测与报警 系统连续监测与前方车辆的距离，并根据与前方车辆的距离提供三级距离监测报警。

图 2-14　行人碰撞预警

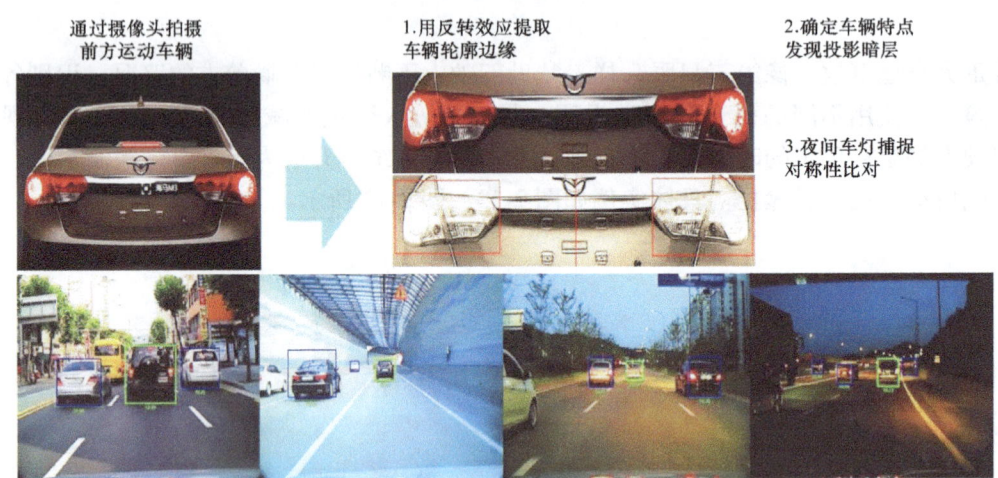

图 2-15　正向防追尾警告

（2）车辆交叉线警告　当转向灯未亮起时，系统在车辆通过各种车道线前约 0.5s 产生交叉线报警。

（3）前方碰撞警告　系统警告驾驶人车辆即将与前方车辆碰撞，当车辆在当前行驶速度和前一辆车可能碰撞时间的 2.7s 内时，系统将产生声光报警。

（4）其他功能　黑匣子功能、智能导航、娱乐、雷达报警、胎压监测、数字电视、倒车后视等。

4．交通标志识别

车辆安全系统的交通标志识别系统通过特征识别算法，利用前置摄像头组合模式识别道路上的交通标志，提示警告或自动调整车辆运行状态，从而提高车辆的安全性和合规性。此功能提醒驾驶人注意前方的交通标志，以便驾驶人可以跟随它们，如图 2-16 所示。

图 2-16　交通标志识别

交通标志分类识别方法主要包括：基于不同距离的模板匹配识别方法、大量数据样本的机器学习识别方法、粒子群优化和遗传算法等智能算法的识别方法等。根据交通标志颜色和形状的确定，可以进一步对 3 种不同的交通标志进行分类,并将颜色形状分类的结果作为交通标志检测和识别的先验知识。交通标志识别方法如图 2-17 所示。

图 2-17 交通标志识别方法

5. 盲点监测

盲点监测系统又称并线辅助系统,如图 2-18 所示,主要功能是扫除后视镜盲区并通过侧方摄像头或雷达将车左右后视镜盲区内的影像显示在车内。由于车辆后视镜中有一个视觉盲区,因此在换道前无法看到盲区中的车辆,如图 2-19 所示。

图 2-18 盲区监测指示灯显示方式

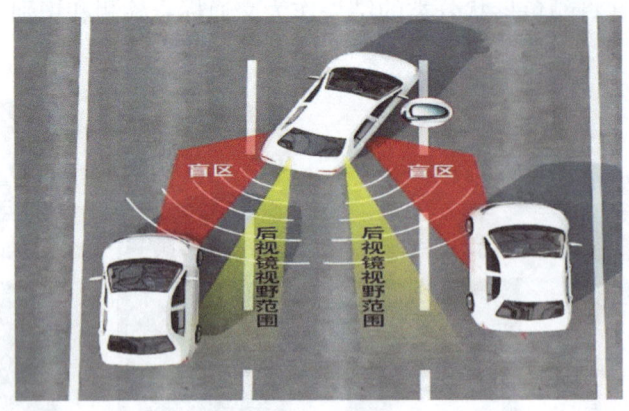

图 2-19 汽车盲区

如果盲区内有超车车辆,则会发生车道碰撞。在大雨、雾天、夜间光线暗淡的情况下,更难看到后面的车辆,换道更加危险。盲点监测系统可以解决后视镜盲点问题,微波雷达用于探测车辆两侧后视镜盲点内的超车车辆,提醒驾驶人在变道过程中避让,避免事故的发生。

车道偏离警告负责检测车辆是否保持当前车道。使用安装在风窗玻璃后面的前视摄像头收集前部信息,其基本工作原理是在车后保险杠上安装两个 24GHz 雷达,当车辆大于 10km/h 的行驶速度时自动启动,并在左右 3m 范围内发送微波信号,系统反射回来,对微波信号进行分析和处理,得到车辆行驶的距离、速度和方向等信息。系统算法用于排除固定目标和远距离目标。当在盲区检测到车辆时,指示灯闪烁,提示换道时有发生碰撞的危险。如果驾驶人仍然没有注意到指示灯的闪烁,系统会发出声音警报,再次提醒驾驶人换车道很危险,不应换车道。

6. 疲劳预警

有一些汽车设备的疲劳预警系统称为驾驶人注意力监控系统,如图 2-20 所示。疲劳驾驶预警是一种基于驾驶人生理反应特性的驾驶人疲劳监测预警技术。车辆疲劳预警系统在车速超过 65km/h 时会被激活,感觉到驾驶人疲劳驾驶后及时向驾驶人发出警告,提醒驾驶人应适当在安全岛停车休息。

疲劳预警系统由一个摄像头、多个传感器和一个控制单元组成。摄像头安装在风窗玻璃和车内后视镜之间,持续测量车辆与车道标志之间的距离,并通过摄像头的信号和转向盘运动的数据监控车辆的行驶路线。疲劳预警系统将异常驾驶情况与驾驶人的正常驾驶风格进行比较,传感器记录汽车的运动,控制单元存储信息并计算车辆是否有失控的风险。疲劳预警系统采用的基于图像的生物识别技术,以非接触方式获取驾驶人的面部图像,并通过人工智能程序对驾驶人的睡意进行分析。当驾驶人在打瞌睡时,系统会立即发出声音提示,当驾驶人进入睡眠时,就会出现睡眠图像,疲劳预警系统通过可配置的输出接口,控制其他睡眠提示附件(如振动坐垫、清爽气味发生器),通过移动网络实时、准确、有效地提醒驾驶人。车内驾驶人疲劳监测技术本质上是捕捉和分析驾驶人在驾驶过程中的生物行为信息,如眼睛、面部、心脏、脑电图活动等,如图 2-21 所示。

由于接触限制,心跳活动和脑电图监测目前还没有大量应用,最常用的疲劳检测方法是

项目二　智能网联汽车环境感知系统

图 2-20　疲劳预警

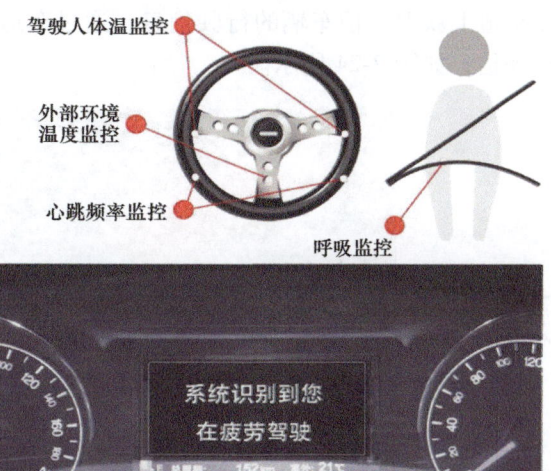

图 2-21　疲劳预警系统警示

驾驶人的驾驶行为分析，即通过记录和分析驾驶人转动转向盘和制动的行为特征，确定驾驶人是否疲劳，然而，这种方法受驾驶人驾驶习惯的影响很大。另一类主要的检测方法是通过图像分析对驾驶人的面部和眼睛特征进行疲劳评估，这种方法正逐渐被原始设备制造商所接受和采用，例如，对于货车驾驶人在疲劳状态下对前方障碍物的监测，如图 2-22 所示。

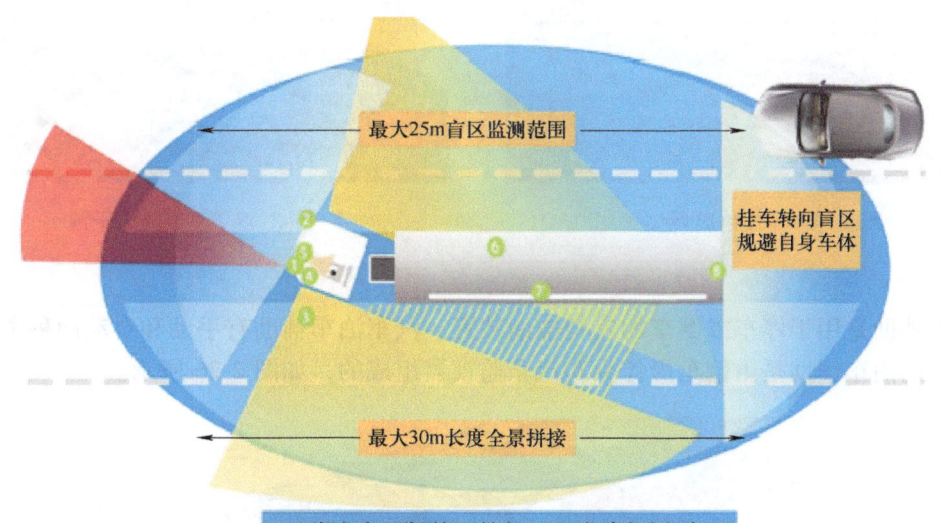

图 2-22　驾驶疲劳状态下对前方障碍物的监测

7. 车道保持辅助

车道保持辅助系统是智能驾驶辅助系统之一，夜间车道保持如图 2-23 所示。车道保持辅助系统主要由显示器、摄像头、控制器和传感器组成，其工作原理主要基于视觉感知与算法计算。在车体的侧面和前方有摄像头连续扫描外部情况采集行车车道的标线，并通过图像处理在车道上获取其他车辆的行驶信息,通过车道偏离评估算法对车道偏离可能性的位置参数进行评估,如图 2-24 所示。

图 2-23 夜间车道保持

如果系统发现车辆偏离车道,将在 0.5s 内发出报警信号,为驾驶人提供更多的反应时间。如果驾驶人打开转向信号灯并正常进行转换,车道偏离警告系统将不会做出任何提示。相反,当警告不起作用时,系统会稍微干扰转向盘,使角度反转并纠正行驶方向,如图 2-25 所示。

图 2-24 车道偏离评估 　　　　　　　　图 2-25 车道偏离干预

8. 泊车辅助

泊车辅助是用于停车或倒车的安全辅助装置。汽车泊车辅助有手动和自动两种类型。目前,主流的泊车辅助是由倒车摄像头和汽车监视器组成的,如图 2-26 所示。

图 2-26 泊车辅助

倒车时，前显示屏可以实时显示车后倒车摄像头的视频。传统的倒车雷达由超声波雷达、控制器和显示器或蜂鸣器组成。不同的自动泊车系统使用不同的方法来检测车辆周围的物体，有些汽车的前后保险杠周围装有传感器，可以作为发射器和接收器。这些传感器会发送一个信号，当信号击中车体周围的障碍物时，会反射回来，从而确定泊车距离。泊车及出车时的原理图如图 2-27、图 2-28 所示。

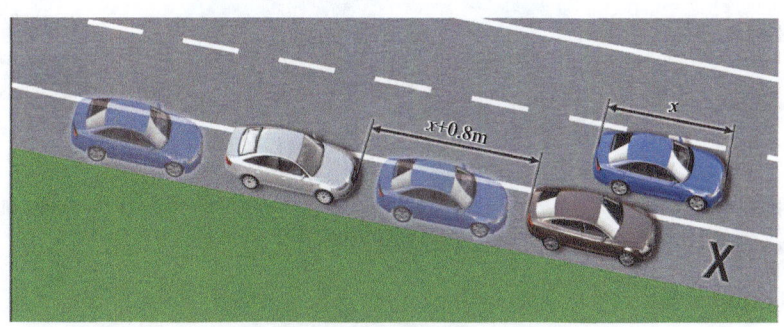

图 2-27　纵向泊车时的泊车辅助

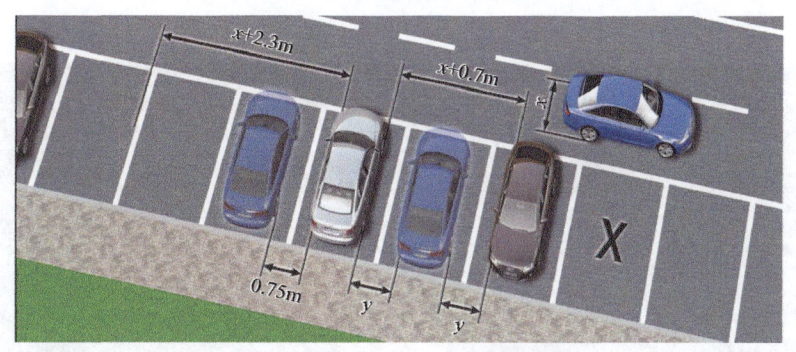

图 2-28　在纵向泊车后将车移出停车位

9. 全景停车

汽车环绕全景图像停车辅助系统包括多个安装在汽车周围的摄像头、图像采集组件、视频合成/处理组件、数字图像处理组件和车辆显示器。这些装置可以同时采集车辆周围的图像，对图像处理单元进行变形恢复→视图转换→图像拼接→图像增强，最终形成车辆 360°全景仰视图，如图 2-29 所示。

10. 红外夜视

汽车夜视系统的结构由两部分组成：一部分是红外摄像头，另一部分是风窗玻璃上的灯光显示系统。夜间驾驶对驾驶人来说是最危险的，因为夜间的能见度很差，而且灯光的范围和亮度有限。安装红外夜视系统后，驾驶人可以像白天一样透过灯光显示系统看到道路的行驶条件。当两辆车相遇时，可以大大减少对车前驾驶人视力的不良刺激，也可以提高驾驶人在雾中辨别的能力，其工作原理如图 2-30 所示。

红外线是光和微波之间的电磁波，波长为 0.75~1000μm。根据波长不同，可以把红外线分成 3 部分：近红外、中红外和远红外。

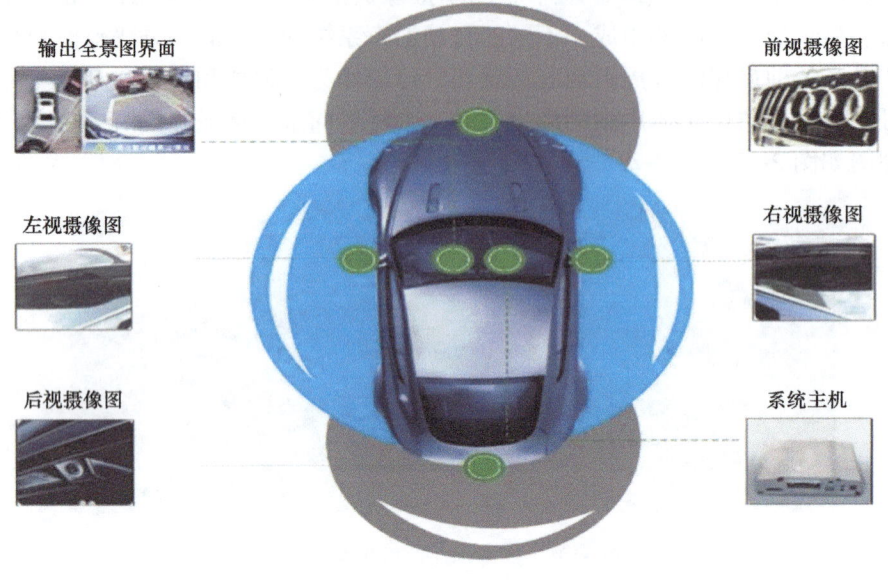

图 2-29　全景停车

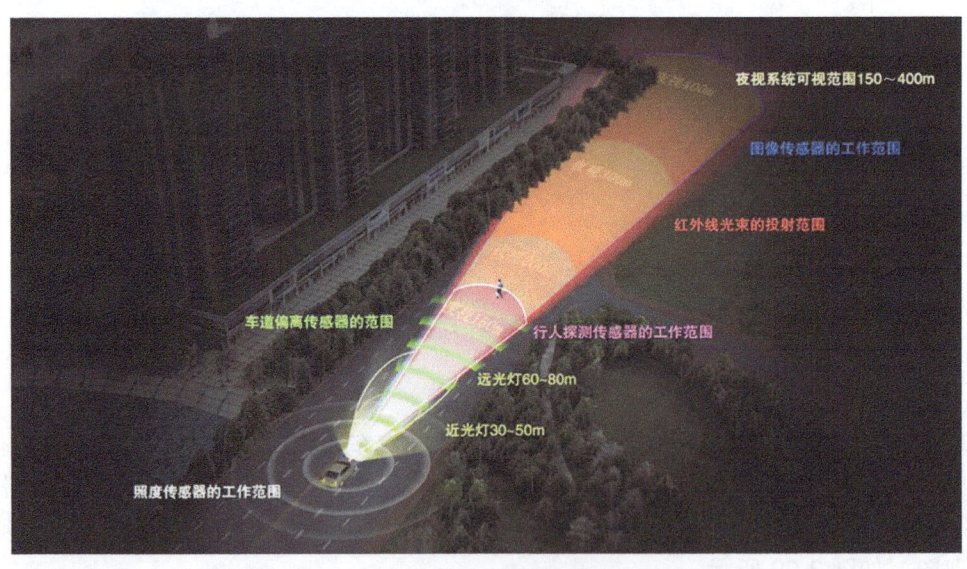

图 2-30　夜视系统的视野范围数

红外成像技术是运用光电技术检测物体热辐射的红外线特定波段信号，将该信号转换成可供人类视觉分辨的图像和图形。

从技术上讲，夜视系统分为主动红外（近红外）和被动红外（远红外）。物体的图像由物体本身发出的红外线照亮，称为被动红外成像；物体由红外辐射源照亮，物体的图像由反射红外辐射捕获，称为主动红外成像。被动红外夜视技术作用取决于目标温度和背景温度之间的差异以及辐射的发射率，利用辐射温度测量技术逐点测量，形成可见目标的热图像。主动红外夜视技术是利用强红外辐射源在工作时照射目标，由反射光学系统的物镜组接收，在红外成像管的光电阴极表面形成目标的红外图像，成像管进行光谱转换、电子成像和亮度增强，最后，目标的可见图像显示在屏幕上，如图 2-31 所示。

可见光效果　　　　　　　　　　　微光夜视技术效果

被动热成像夜视技术效果　　　　　主动红外夜视技术效果

图 2-31　夜视效果图

近红外传感器可以减小眩光效应，提高图像比。检测行人的远红外辐射夜视仪具有更大的优越性，因为行人具有较大的辐射热，适用于远红外检测技术。智能自动图像处理技术是一种较先进的补偿远红外遥感图像低对比度的技术，它可以用来检测和增强热物体的轮廓，在知识分类的过程中，可以使用计算机程序，甚至可以将现有的光、声信号结合起来，增强认识，进一步预防危险。

夜视系统有黑白显示和彩色显示两种。对于黑白显示夜视系统（图 2-32），屏幕前不同温度的物体以黑白和灰色进行着色；彩色显示夜视系统可以显示前方物体的颜色，包括交叉口的交通灯颜色，帮助驾驶人在夜间驾驶，进一步提高夜间驾驶的安全性。

图 2-32　红外夜视黑白显示

11. 智能照明系统

为了适应汽车自动驾驶和数字化的趋势，视觉传感器控制的智能照明系统正逐步取代部分现代汽车的照明系统。例如，LED 智能灯可以通过前视摄像头自动识别障碍物位置，然后自动控制前照灯的光形变化，使灯光只照在驾驶人想要照亮的地方。例如，在后尾灯的应用，如图 2-33 所示。

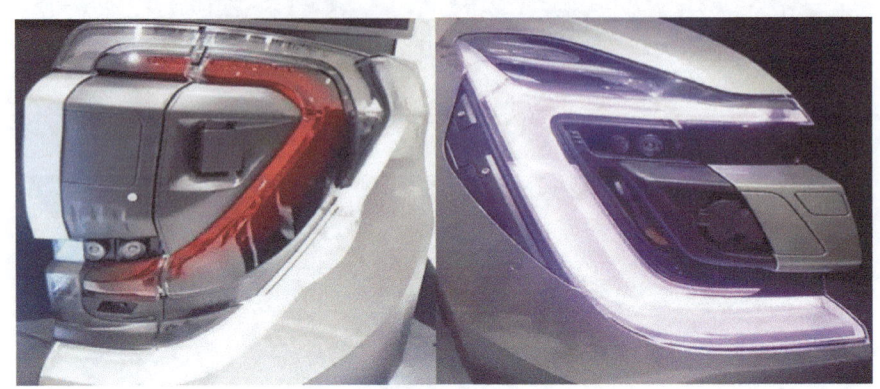

图 2-33　安装了外部环境感知传感器的后尾灯

在智能照明系统中，软件用于处理传感器信号、检测和识别车辆周围的物体、建立三维环境和跟踪物体的运动，例如，采用四线激光雷达、超声波传感器、红外视觉感知技术等，将灯具的照明功能转化为外部照明通信接口。在自动驾驶模式下，若行驶中检测到潜在危险，利用前照灯的投射技术可以改变光束的形状，并对其他车辆或行人发出警告，如图 2-34 所示。

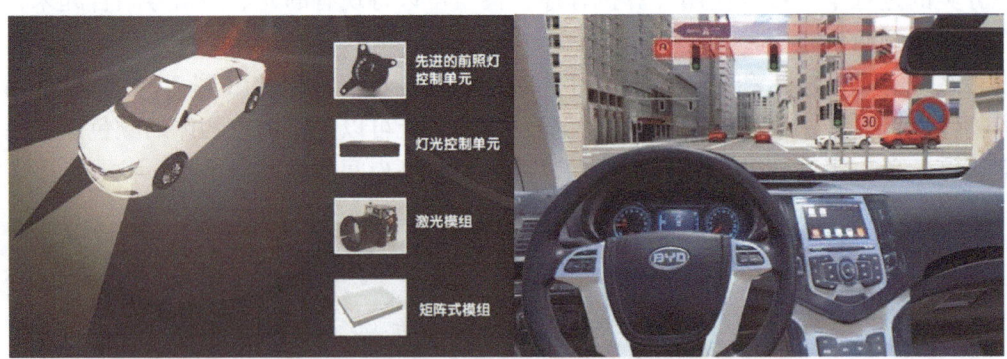

图 2-34　汽车前部灯光智能照明系统组成

任务二 超声波雷达认知

知识点：车载雷达的分类；车载雷达的特征对比；超声波雷达的结构和测量原理。

能力点：掌握车载雷达的分类；熟悉车载雷达的区别；掌握超声波雷达的结构和主要性能指标。

任务情境

驾驶人小王在倒车时利用倒车雷达倒车，在汽车即将发生碰撞时防碰撞报警器发出"嘀嘀嘀"的声音，同时发出语音提示，小王即刻制动车辆，避免了一场车辆碰撞事故的发生。

相关知识

1. 车载雷达的分类和特征对比

车载雷达可分为超声波雷达、毫米波雷达、激光雷达等，不同雷达的原理不同，其性能特点也不同，可用于实现不同的功能。车载雷达类型如图 2-35 所示。

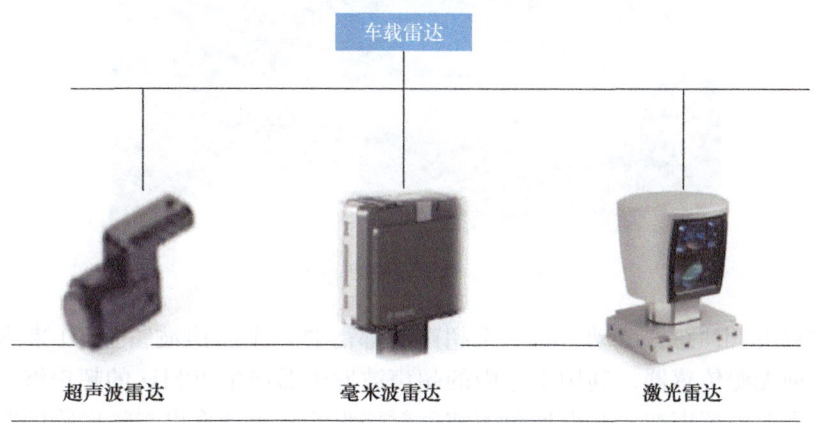

图 2-35 车载雷达类型

超声波雷达利用传感器中的超声波发生器产生 40kHz 的超声波，然后接收探头接收障碍物反射的超声波，并根据超声波反射接收的时差计算出与障碍物的距离。超声波雷达是环境感知系统的主要传感器。各车载雷达的特征对比见表 2-3。

表 2-3　各车载雷达的特征对比

	最远探测距离/m	精度	单个成本/美元	功能	优势	劣势
超声波雷达	10	高	15~20	倒车提醒、自动泊车	成本低、近距离测量精度高	探测距离近
毫米波雷达	250	较高	150~300	自适应巡航、自动紧急制动	不受天气影响，探测距离远，精度高	成本高，难以识别行人
激光雷达	200	极高	>8000	实时建立周边环境的三维模型	精度极高，扫描周边环境实时建立三维模型的功能暂无完美替代方案	受恶劣天气影响，成本高昂

2. 超声波雷达的原理与应用

超声波雷达是汽车最常用的一种传感器，在目前的许多 ADA 或 L1、L2 和 L2.5 汽车中仍然在使用。例如，最常用的倒车雷达，就是使用的超声波传感器。它可以检测到超声波在相应方向上距离障碍物最近的距离，广泛应用于倒车雷达、自动停车、盲区检测等。车辆尾部的超声波雷达如图 2-36 所示。

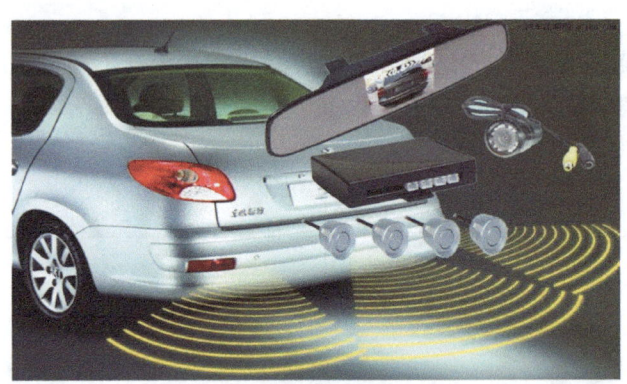

图 2-36　车辆尾部的超声波雷达

超声波通常由 LIN 总线驱动，每一个超声波都需要一个超声波雷达 ID 来帮助区分。超声波雷达是一种无源传感器，利用雷达中的超声波发生器产生 40kHz 的超声波，然后接收探头接收障碍物反射的超声波，并根据超声波反射接收的时差计算出与障碍物的距离。超声波发射器向某一方向发射超声波，在发射的同时，计数器开始计数，超声波在空中传播，撞击障碍物表面时反射回来。超声波在空气中的传播速度为 340m/s，发射点与障碍物表面之间的距离 s 根据计时器记录的时间 t 计算。

$$s=(t\times 340)/2$$

测量原理如图 2-37 所示。

超声波雷达中最常用的是一种压电超声发生器，如图 2-38 所示。它利用压电晶体的共振来工作，探头内部有两个压电晶片和一个共振板，当脉冲信号与压电晶片的固有振荡频率

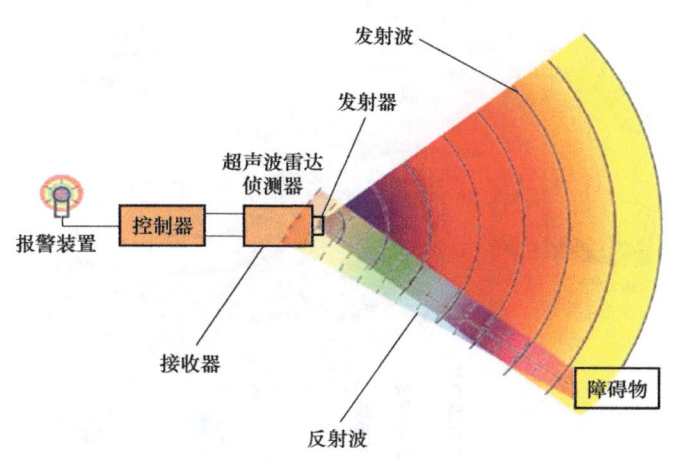

图 2-37 超声波雷达测量原理

相等的频率作用于其两极时,压电晶片将产生共振并驱动谐振器板振动,从而产生超声波。如果两个电极之间没有施加电压,当共振板接收到超声波时,压电晶片振动,机械能被转换成电信号,此时它成为超声波接收器。超声波雷达利用压电效应原理将电能和超声波相互转换。也就是说,当超声波被发射时,电能被转换成超声波,而一旦被接收,超声波振动就被转换成电信号。

图 2-38 压电超声发生器

3. 超声波雷达的分类

车载超声雷达主要分为 UPA 和 APA 两大类。UPA 超声波雷达是一种短程超声波雷达,主要安装在汽车前后保险杠上,用于测量汽车前后障碍物(图 2-39)检测范围为 15cm～2.5m,由于检测距离较短,频率较高,多普勒效应和温度干扰小,检测的准确性高。APA 超声波雷达是一种远程超声波雷达,主要安装在车身侧面,检测范围为 35cm～5m,检测距离长,可覆盖一个停车位,方向性强,但精度一般。

4. 超声波雷达的主要性能指标

1)工作频率。它是指压电晶片的共振频率,当两端交流电压频率等于晶片的谐振频率时,超声波的传输能量输出最大,灵敏度也最高。

2)工作温度。超声波雷达的工作温度取决于应用的条件,诊断型超声波雷达功率小,工作温度相对较低,能长期工作而不发生故障。有些超声波雷达工作时会产生大量的热量,

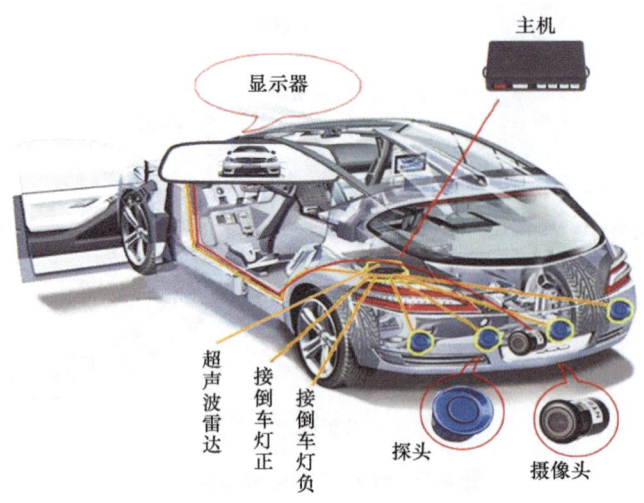

图 2-39 车载超声波雷达位置

需要单独冷却。

3）灵敏度。超声波雷达的灵敏度与晶片的制造有关，机电耦合系数大，灵敏度高。

5. 倒车雷达的组成

倒车雷达，即"倒车防撞雷达"，也叫"泊车辅助装置"，主要由超声波传感器、控制器和显示器等部分组成。

（1）超声波传感器　超声波传感器俗称探头（图 2-40），其主要功能是发出和接收超声波信号，然后将信号输入到主机里面，通过显示设备显示出来。

（2）控制器　控制器对信号进行处理，计算出车体与障碍物之间的距离及方位。

（3）显示器（或蜂鸣器）（图 2-41）　当传感器探知汽车距离障碍物的距离达到危险距离时，系统会通过显示器和蜂鸣器发出警报，提醒驾驶人。

图 2-40　超声波传感器（俗称探头）

图 2-41　显示器（或蜂鸣器）

任务三　毫米波雷达认知

知识点：毫米波雷达的组成及工作原理；毫米波雷达在智能网联汽车中的应用。

能力点：掌握毫米波雷达的组成及工作原理；了解毫米波雷达在智能网联汽车中的应用。

任务情境

驾驶人小王在倒车时利用前视雷达，在汽车即将发生碰撞时，防碰撞报警器发出"嘀嘀嘀"的声音，小王即刻制动汽车，避免了一场车辆碰撞事故的发生。

相关知识

1. 毫米波雷达的原理与应用

毫米波雷达是通过发射和接收无线电波来测量车辆与车辆之间的距离、角度和相对速度的装置。图2-42所示是工作频段为30~300GHz毫米波（波长为1~10mm）的雷达。毫米波的波长介于厘米波和光波之间，因此毫米波兼有微波制导和光电制导的优点。同厘米波雷达相比，毫米波雷达具有体积小、易集成和空间分辨率高的特点。早期毫米波雷达主要应用于军事领域，随着雷达技术的发展与进步，毫米波雷达传感器开始应用于汽车电子、无人机、智能交通等多个行业中。常见的车载毫米波雷达工作频段为24GHz频段和77GHz频段。少数国家（如日本等）采用60GHz频段。24GHz主要用于5~70m的中、短程检测，如BSD、LDW、LKA、LCA、PA等；77GHz主要用于100~250m的中、远程检测，如ACC、FCW、AEB等。

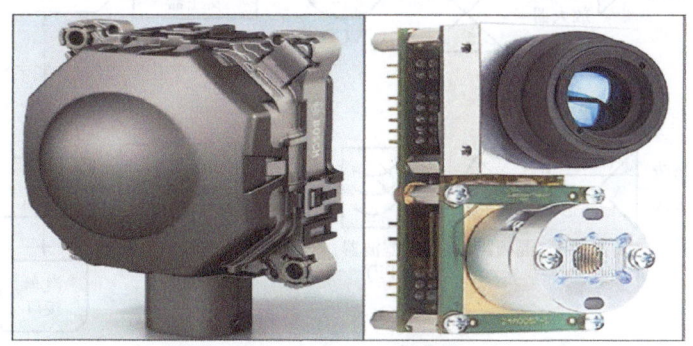

图2-42　车载毫米波雷达

根据电磁波辐射方式的不同，毫米波雷达主要有两种工作系统：脉冲系统和连续波系统（FMCW）。两种毫米波雷达的电磁波辐射能量简图如图2-43所示。

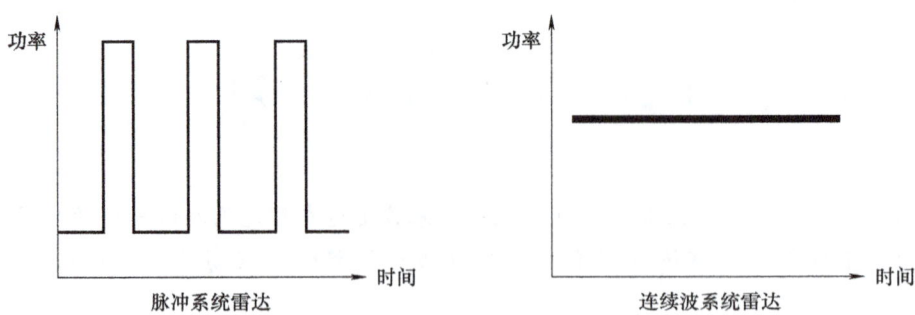

图 2-43 两种毫米波雷达的电磁波辐射能量简图

FMCW 雷达主要包括收发天线、混频器和信号处理模块等，如图 2-44 所示。

1）FMCW 调制信号发生器经过压控振荡器（VCO）产生高频信号（GHz 级别），一部分能量耦合输入混频器作为本振信号，另一部分能量经功率放大器（PA）由发射天线以电磁波的方式向空中辐射。

2）电磁波在空气中向前方传播过程中如遇到目标则会小部分反射，反射回来的回波信号被接收天线截获形成电信号。

3）回波信号经低噪声放大器（LNA）放大，与本振信号在混频器进行混频，输出一个较低的差拍频率（一般为 MHz 级别），差频信号含有目标和雷达之间的距离和相对速度等信息。

4）然后通过带通滤波器（BPF）放大滤波，经 A-D 转换，对所得到的数字信号作 FFT（快速傅氏运算），进行频谱分析，便可以获得目标和雷达之间的距离、相对速度及方位角等信息。

5）最后经由控制电路做出危险状况的判断，向驾驶人发出预警，或结合环境情况对汽车做出主动干预。

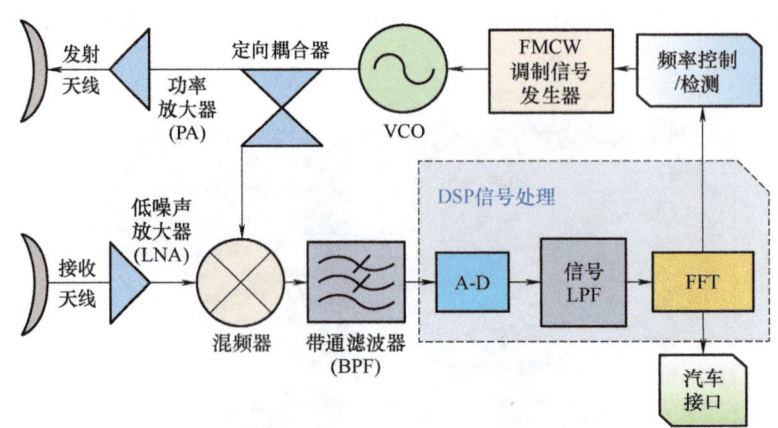

图 2-44 FMCW 毫米波雷达

FWCW 毫米波雷达因其局限性，在生成完整的三维环境视图时，FWCW 毫米波雷达的反应会变慢。另外，FWCW 毫米波雷达的测量精度对宽带线性调频斜线的线性度非常敏感。

毫米波雷达通过天线向外发射毫米波，接收目标反射信号，经处理后能快速准确地获取车身周围的物理环境信息，如车辆和其他物体的相对距离、相对速度、角度、运动等。然后根据检测到的目标信息对目标进行跟踪识别分类，结合人体动态信息进行数据融合，最后由中央处理单元（ECU）进行智能处理。ECU决策后，及时用声音、灯光、触摸等方式通知或警告驾驶人，或主动干预车辆，以保证行车过程的安全和舒适，降低事故发生的概率，如图2-45所示。

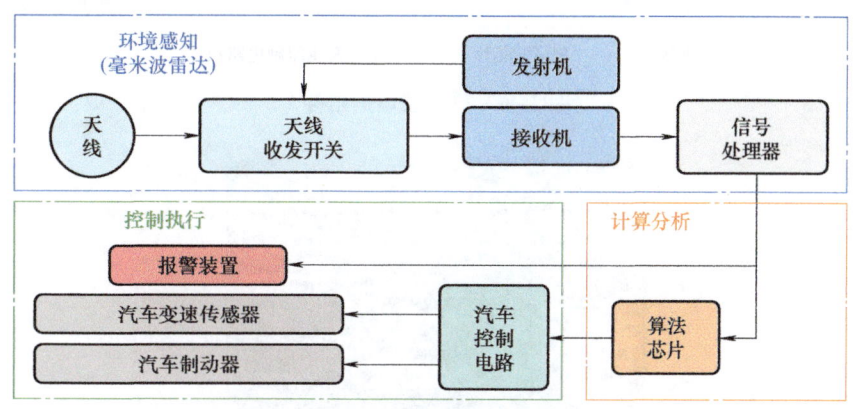

图2-45　毫米波雷达工作路径

根据毫米波雷达的有效射程，车载毫米波雷达可分为长距离雷达（LRR）、中距离雷达（MRR）和短距离雷达（SRR），具体见表2-4。以ACC自适应巡航为例，所用雷达升级到77GHz毫米波雷达后，ACC自适应巡航速度为25km/h。与24GHz雷达系统相比，分辨率提高3倍，距离精度提高3~5倍，对前车距离的监测更为准确、快速。

表2-4　短、中、长雷达区别

性能	长距离雷达（LRR）	中/短距离雷达（MRR/SRR）
类型	窄带雷达	宽带雷达
覆盖距离	280m	30~120m
车速上限	250km/h	150km/h
探测幅度	窄	宽
分辨率	0.5m	距离精度可达厘米级
探测范围	常用于ACC自适应巡航	即时监测车辆周围环境

2. 毫米波雷达的核心零部件

毫米波雷达组件如图2-46所示。

单片微波集成电路（MMIC）芯片和天线印制电路板（PCB）是毫米波雷达的硬件核心。以调频连续波汽车雷达系统为例，天线印制电路板主要包括天线、收发模块和信号处理模块。

（1）微波集成电路（MMIC）芯片　MMIC芯片（图2-47）具有电路损耗低、噪声低、频带宽、动态范围大、功率大、抗电磁辐射能力强等特点。它包括各种功能电路，如低噪声放大器（LNA）、功率放大器、混频器、探测器、调制器、压控振荡器（VCO）、移相器等。

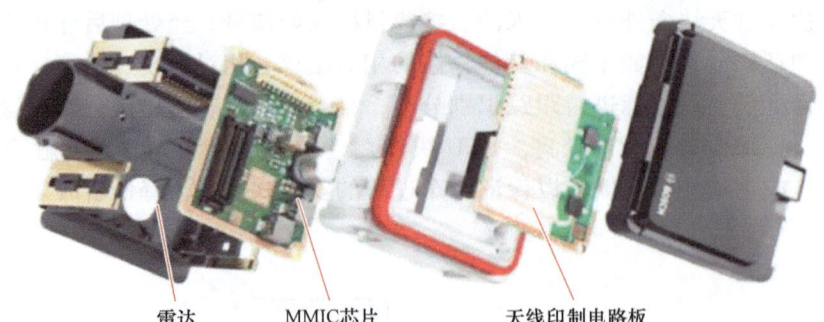

雷达　　MMIC芯片　　天线印制电路板

图 2-46　毫米波雷达组件

图 2-47　车载雷达 MMIC 芯片

（2）天线印制电路板（PCB）（高频）　天线 PCB 如图 2-48 所示。天线是汽车毫米波雷达有效运行的关键设计之一，为了实现天线的功能，高频印制电路板集成在一个普通的印制电路板基板上，需要在一个小的集成空间内保持足够的天线信号强度。高性能 77GHz 雷达高频印制电路板和 77GHz 雷达的广泛应用将对高频印制电路板提出巨大的要求。

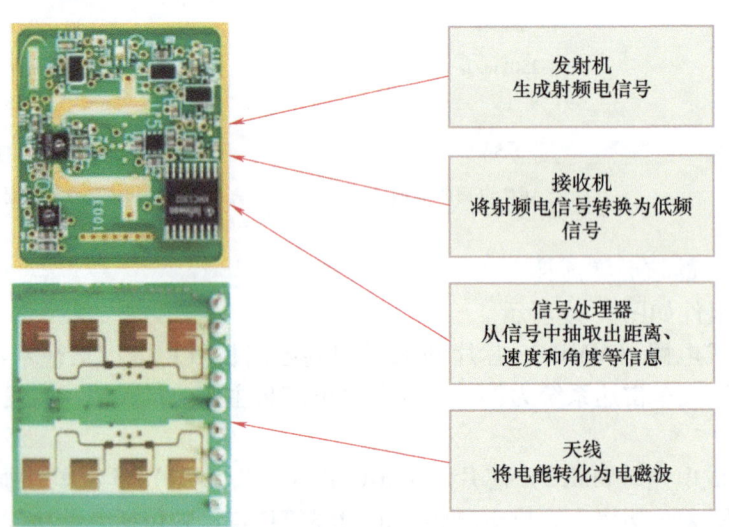

图 2-48　天线 PCB

实现 ACC 等功能的核心技术是目标识别和跟踪。天线接收到雷达回波并解调后，控制器对模拟信号进行数字采样并进行相应的滤波。然后使用 FFT（快速傅里叶变换算法）将信号转换为频域，然后再寻找信号中的特定特征（如频域中的能量峰值），根据雷达波反射点的信息获得来自一个物体的多个反射点，再通过跟踪单个反射点的簇来猜测对象的分布。

3. 毫米波雷达在智能网联汽车中的应用

毫米波雷达可实现自适应巡航控制、前向防撞报警、盲点检测、辅助停车、辅助变道、自主巡航控制等先进的巡航控制功能。通常，为了满足不同探测距离的需要，汽车内安装大量的短程、中程和远程毫米波雷达。其中 24GHz 雷达系统主要实现近程探测（SRR，60m 以下），77GHz 雷达系统主要实现中远程探测（MRR，约 100m；LRR，200m 以上）。不同的毫米波雷达在车辆的前部、车身侧面和后部起着不同的作用，具体应用如图 2-49 所示。

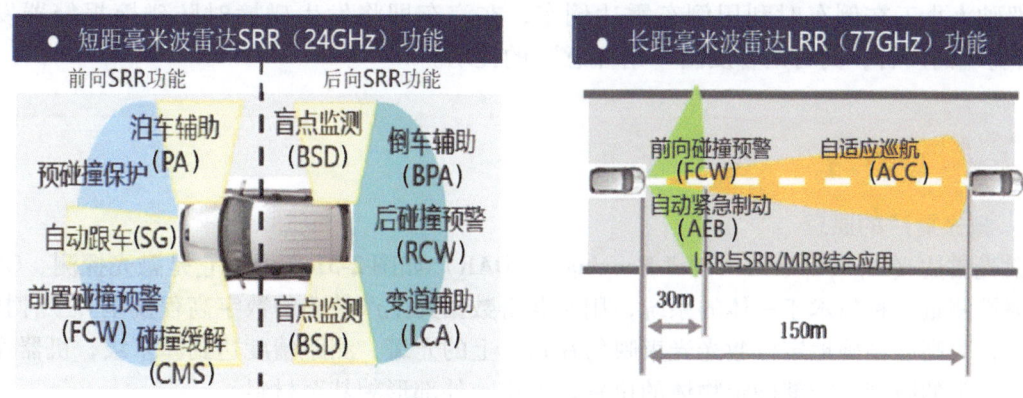

图 2-49 车载毫米波雷达的应用

目前全新奥迪 A4 采用 5 个毫米波雷达（1 长+4 短），奔驰的 S 级采用 7 个毫米波雷达（1 长+6 短），如图 2-50 所示。以自动跟车型（Stop & Go）ACC 功能为例，一般需要 3 个毫米波雷达。车正中间一个 77GHz 的 LRR，探测距离在 150~250m 之间，角度为 10°左右；车两侧各一个 24GHz 的 MRR，角度都为 30°，探测距离在 50~70m 之间。自动紧急制动 AEB 是最有实际意义的 ADAS 功能，未来会成为中高档汽车的标配。

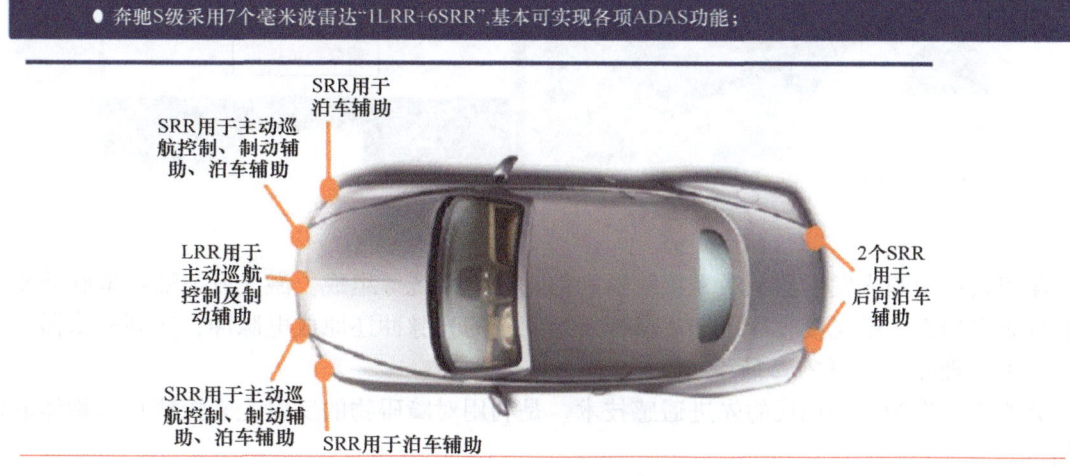

图 2-50 奔驰车载毫米波雷达

任务四 激光雷达认识

知识点： 激光雷达的分类、特点和测量原理；激光雷达在智能网联汽车上的应用。
能力点： 掌握激光雷达的分类、特点和测量原理及其在智能网联汽车中的应用。

任务情境

驾驶人小王在倒车时利用倒车雷达倒车，在汽车即将发生碰撞时防碰撞报警器发出"嘀嘀嘀"的声音，同时语音发出"请注意"的提示。

相关知识

1. 激光雷达的原理

激光雷达（Light Detection And Ranging，LiDAR）如图 2-51 所示。它是融光探测、GPS、IMU 惯性测量三种技术于一体的系统，用于获得数据并生产精确的数字高程模型。三种技术的结合，可高度精确地定位激光光束映射在物体上的光斑，测距精度达到厘米级，机器作用相当于人类的眼睛，能够确定物体的位置、大小、外部形貌甚至材料。

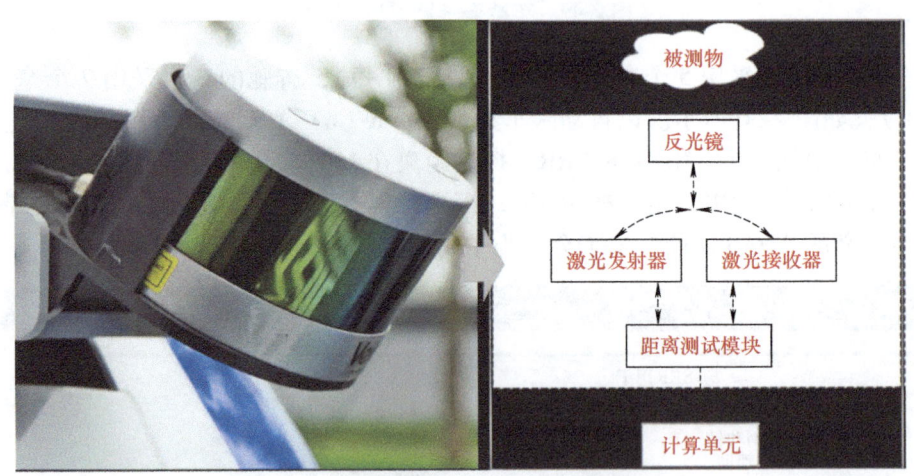

图 2-51 激光雷达

激光雷达由激光发射器、激光接收器和信息处理系统等组成。激光发射器将电脉冲变成光脉冲发射出去，激光接收器再把从目标反射回来的光脉冲还原成电脉冲，送到显示器。激光雷达的物理原理如图 2-52 所示。

激光雷达作为一种现代的先进遥感技术，是利用对障碍物的反射光来探测目标物体的位置信息。

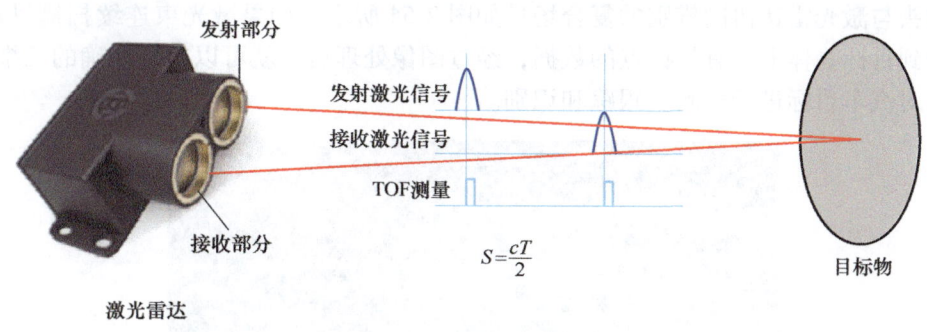

图 2-52 激光雷达的物理原理

目前超短脉冲激光计算和高灵敏度的信号探测系统在不断升级，使得激光雷达的测量精度和空间分辨率随之提升。激光雷达由激光发射器发射一束激光束，到达障碍物表面后返回，由接收器接收转至信息处理系统进行回波处理，提取信息，将时间间隔、频率变化等进行分析，准确计算目前物体的有效信息，最终结合激光雷达本身位置以及光束的方向，构建障碍物的位置及形状。

典型激光雷达的组成与工作原理框图如图 2-53 所示。接收系统采用了各种形式的光电探测器，如光电倍增管、半导体光电二极管、雪崩光电二极管、红外线和可见光多元探测器。激光雷达使用两种工作模式：脉冲和连续波。根据探测原理，探测方法可分为莱斯散射、瑞利散射、拉曼散射、布里渊散射、荧光、多普勒等。

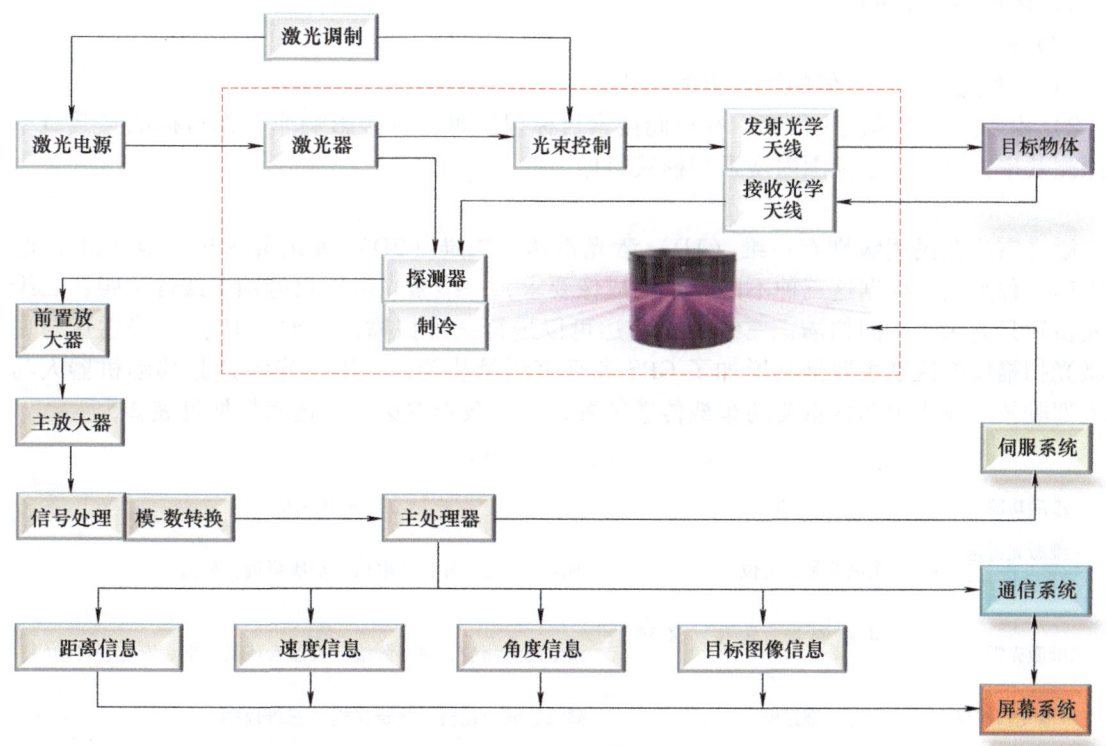

图 2-53 典型激光雷达的组成与工作原理框图

摄像头与激光雷达协同辨别的复合场景如图 2-54 所示。如果激光束连续扫描目标物体，就可以得到目标物体上所有目标点的数据，经过图像处理后，就可以得到精确的三维立体图像，从而对汽车目标进行检测、跟踪和识别。

图 2-54　摄像头与激光雷达协同辨别的复合场景

2. 激光雷达的特点

（1）优点　与普通微波雷达相比，激光雷达采用激光束，其工作频率远高于微波。因此，它具有以下优点：

1）高分辨率。激光雷达可以实现极高的角度、范围和速度分辨率。

2）隐蔽性好，抗干扰能力强。激光是线性传输的，具有良好的方向性和窄光束。

3）低空探测性能好。不像微波雷达那样存在各种地物回波的影响，可以"零高度"工作，低空探测性能好。

4）体积小、质量小。

（2）缺点

1）工作受天气和气候的影响很大。

2）由于激光雷达波束很窄，在空间搜索目标很困难，直接影响非合作目标的拦截概率和探测效率，只能在小范围内搜索和捕获目标。

3. 激光雷达的分类

激光雷达在民用级别有一维（1D）激光雷达、二维（2D）激光雷达和三维（3D）激光雷达三种类型。根据这三种不同场景的成像要求，一维激光雷达只能用于线性测距；二维激光雷达只能用于平面扫描；三维激光雷达可以进行三维扫描，三维（3D）激光雷达与三维激光扫描仪的区别主要是其增加了 GPS 和垂直测量装置，三维激光雷达是移动机器人与无人驾驶技术应用中非常重要的车载传感装置，各种激光雷达具体技术数据见表 2-5。

表 2-5　激光雷达技术数据

维度功能	功能	应用场景
一维激光雷达（激光测距仪）	距离测量、定位	河道、航道、标杆、电信、地质测量、军用
二维激光雷达	轮廓测量、定位、区域监控	城市建筑测量、地形测绘、机器人环境识别、安防、自动门
三维激光扫描仪	静态三维建模	测绘、城市建模、建筑建模（三维地图）
三维激光雷达	动态三维建模	机器人环境识别、自动驾驶、高精度地图测绘

激光雷达按照技术可分为机械旋转式、混合固态以及固态激光雷达。与机械旋转式和固态激光雷达相比,走折中路线的混合固态激光雷达的量产难度最低,短期内可率先实现量产目标。

(1) 固态激光雷达 固态激光雷达数据采集速度快、分辨率高、对温度和振动适应性强;通过波束控制,检测点(点云)可以任意分布,例如,在高速公路上主要扫描前方不远处,不完全忽略侧面扫描,在十字路口处则加强侧面扫描。机械激光雷达只能以恒定的速度旋转,不能进行如此精细的操作。固态激光雷达通常分为 MEMS 和相控阵、面阵式三种类型。

1) MEMS (Micro-Electro-Mechanical System) 固态激光雷达如图 2-55 所示。微机电系统 (MEMS) 也称为微系统、微机械等,是尺寸在几毫米乃至更小的高科技装置,其将原本体积较大的机械部件集成在硅基芯片上,由可旋转的微振镜来反射光束,从而实现扫描。

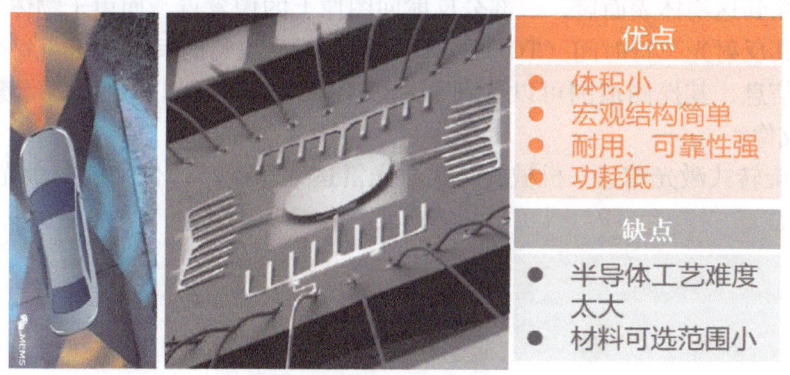

图 2-55 固态激光雷达——MEMS

2) 相控阵固态激光雷达。固态激光雷达采用相控阵原理实现,相控阵发射器由若干发射接收单元组成阵列,通过改变加载在不同单元的电压,进而改变不同单元发射光波特性,实现对每个单元光波的独立控制。通过调节从每个相控单元辐射出的光波之间的相位关系,在设定方向上产生互相加强的干涉从而实现高强度光束,而其他方向上从各个单元射出的光波彼此相消。组成相控阵的各相控单元在程序的控制下,可使一束或多束高强度光束的指向按设计的程序实现随机空域扫描。图 2-56 所示为军用激光相控阵雷达。

图 2-56 军用激光相控阵雷达

固态激光雷达的优缺点如下。

优点：

① 扫描速度快：一般都可以达到 MHz 量级以上。

② 扫描精度或指向精度高：千分之一度量级以上。

③ 可控性好：除对目标区域进行高密度的扫描外，在其他区域也能进行稀疏扫描。

缺点：

① 制造工艺难度较大：阵列单元尺寸必须不大于半个波长，一般目前激光雷达的工作波长均在 1μm 左右，阵列单元的尺寸必须不大于 500nm。

② 材料的研究和选择也是非常关键的因素：到目前为止，铌酸锂晶体、PLZT 压电陶瓷、液晶和 AlGaAs 基波导光学相控已得到开发。

3）面阵式激光雷达是目前全固态激光雷达中最主流的技术。成像系统向外发射光源，发射出的光源在到达物体表面后，一部分反射回图像上的像素点，而由于物体表面到返回点的距离不同，其反射光飞行时间（TOF）不同，通过对光飞行时间的测量，每个像素就可获得独立的距离信息，其探测范围可以达到百米以上。摄像头可以实现百万像素级别的分辨率，快速 3D 成像。

（2）机械旋转式激光雷达　机械旋转式激光雷达依靠旋转部件来控制激光发射的角度，如图 2-57 所示。

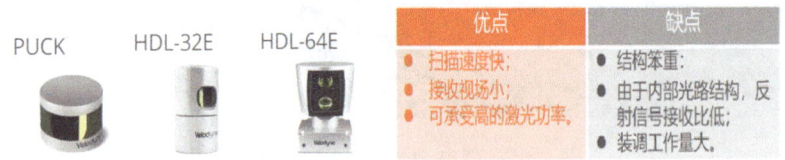

图 2-57　机械旋转式激光雷达

3. 激光雷达在智能网联汽车中的应用

与激光雷达相比，毫米波雷达的探测范围直接受波段损耗的限制，无法感知行人，无法准确模拟周围的障碍物。在高速无人驾驶汽车技术的应用中，激光雷达的应用目前是不可替代的，许多公司对其进行了大力研发，如固态激光雷达、5G-V2X 增强技术等。图 2-58 所示为激光雷达的应用。

激光雷达适用不同等级的自动驾驶系统，并且需要符合安全规定（如紧急自动制动、前向碰撞），特别是在全自动驾驶汽车上，需要能够探测 10% 低反射率的物体，因此，目前激光雷达厂商普遍使用 830～940nm 波长激光雷达（中短距离激光雷达），但是部分厂商（如 Blackmore、Neptec、Aeye、Luminar）正在研发 1550nm 波长激光雷达，这种雷达的波长允许在远距离范围内对暗物体发出更高功率的脉冲，能够使快速行驶的车辆及时发现危险并安全停车，表 2-6 为各种激光雷达的主要作用。

表 2-6　各种激光雷达的主要作用

激光雷达	自动驾驶等级	主要作用
长距离激光雷达 （视野范围狭窄）	L3、L4、L5	作为摄像头与毫米波雷达的一种补充 环境感知距离达 250m 部分 OEM 要求测距范围达 400m

（续）

激光雷达	自动驾驶等级	主要作用
中距离激光雷达（视野范围广）	L2、L3	激光雷达与其他雷达争夺未来 NCAP 和 NHTSA 法规的主导权 探测拐角处的自行车与行人
短距离激光雷达（视野范围广）	L4、L5	作为摄像头与毫米波雷达的一种补充 城市环境中的高速行驶，探测范围可达 200m 范围

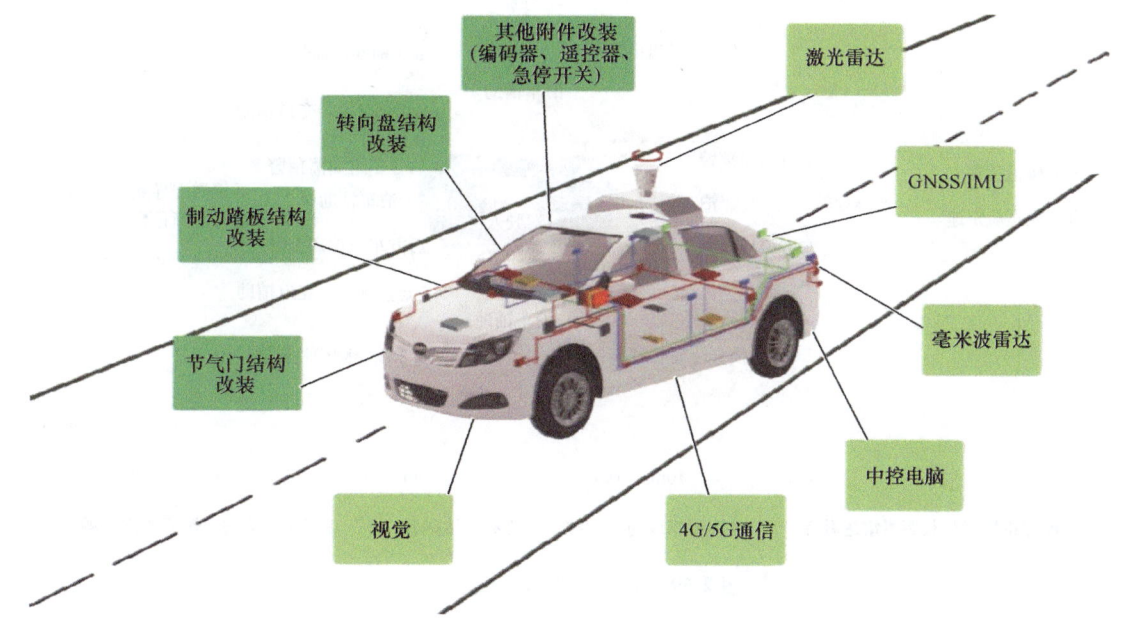

图 2-58　激光雷达的应用

由于激光雷达获取的数据量远高于毫米波雷达，因此需要一个性能更高的处理器来处理数据，这意味着总成本将更高。激光雷达也有一些缺点，例如，毫米波雷达具有很强的穿透雾、烟、尘的能力，在恶劣天气下也能被探测到，而激光雷达在这方面并不令人满意，烟雾很可能会引起激光雷达失灵。

激光雷达系统复杂，涉及的核心元器件众多，有光电探测器、激光器、准直镜头、扫描镜、数/模转换器等。福特、通用、沃尔沃等汽车公司设计的无人驾驶汽车都配备了激光雷达，近年来，百度、谷歌等国内外 IT 行业巨头积极参与激光雷达的开发和商业化。以镭神智能为代表的多家国内企业也开始进入车用激光雷达这个新兴领域，通过多年的研发，有望打破国外的技术壁垒。

4. 多传感器融合技术

在汽车智能驾驶中，通过不同焦距和不同仰角的多个单目摄像头，可以获得不同位置的交通标志、信号灯和各种道路标志的检测和识别能力。比如，在长焦摄像头的成像中，100m 处的交通灯足够大，100m 处的交通标志上的数字也清晰可见。而在短焦距摄像头的成像中，100m 处的交通标志上的数字是完全不清楚的。因此多个单目摄像头的组合方案在智能网联汽车领域也得到了广泛的应用。

（1）多传感器融合技术应用　在实际应用中，毫米波雷达虽然是目标检测、测距和测速功能的核心部件，但整个过程需要激光雷达、摄像头、超声波雷达和惯性传感器等传感器来辅助完成车道的安全驾驶，目前几乎所有的汽车生产厂家将不同的传感器集成到智能网联汽车控制系统中，以实现高度自动化驾驶安全，图2-59所示为汽车多传感器融合技术。

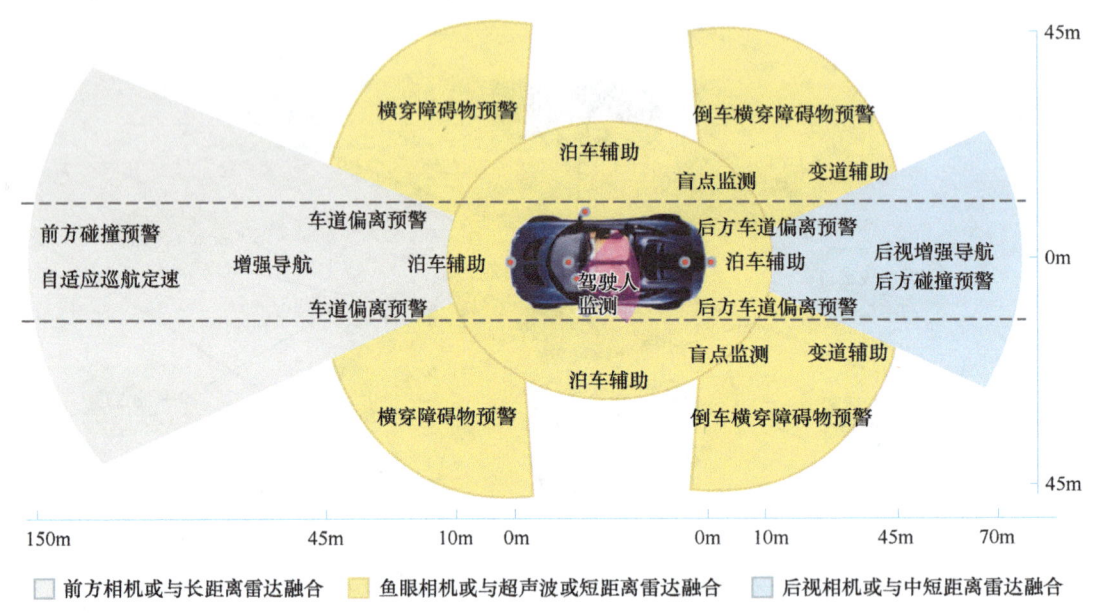

图2-59　汽车多传感器融合技术

每个传感器在感知方面都有独特的优缺点，例如：毫米波雷达具有耐候性，可以全天工作，但分辨率不够高，无法区分人与物；摄像头具有较高的分辨率，可以感知颜色，但受强光影响较大；激光雷达可以提供具有频闪特性的三维尺度传感信息特性，对环境有可重构性，但受天气影响较大；毫米波雷达可以弥补激光雷达在烟雾穿透上的不足等。传感器有各自的优点和缺点，很难相互替换。未来，为了实现汽车的自动驾驶，需要多种传感器相互配合，形成汽车的感知系统。汽车自动化的程度越高，集成在车辆中的传感器的数量和类型也越多，只有这样才能够保证信息获取充分且足够保障车辆自动行驶的安全。多传感器融合可以显著提高系统的冗余度和容错性，从而保证决策的速度和正确性。

（2）软件算法　传感器感知交通状况是最基本的要求，由于各种传感器的使用会增加需要处理的信息量，甚至会产生相互矛盾的信息，如何保证系统处理数据的速度快，过滤无用信息以及错误消息以确保系统安全，使系统最终做出及时和正确的决策至关重要。这需要将摄像头数据和雷达数据、标志识别系统、导航系统的数据能够融合到算法当中。目前，传感器融合的理论方法有贝叶斯准则、卡尔曼滤波、D-S证据理论、模糊集合理论、人工神经网络等。软件算法能够联合虚拟摄像头和环境传感器数据融合算法，从而得到更精确的数据分析与自主控制决策，视觉算法具体实现如图2-60、图2-61所示。

项目二　智能网联汽车环境感知系统

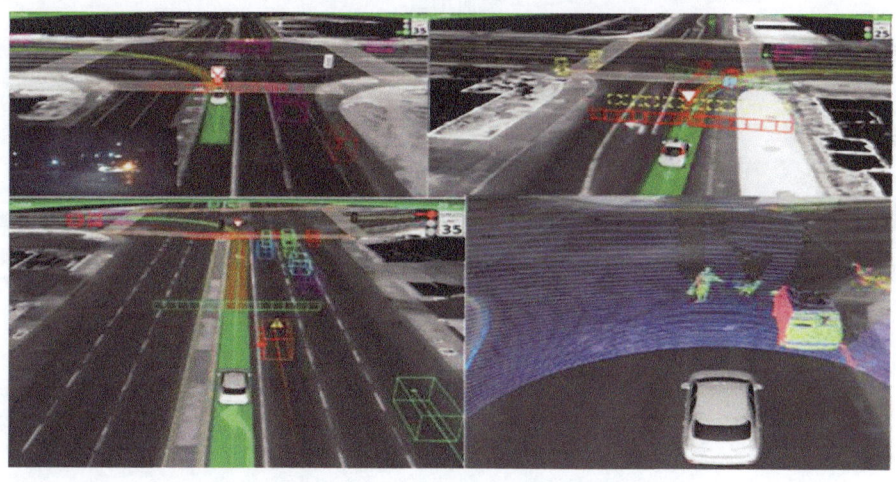

图 2-60　谷歌无人驾驶汽车视觉捕捉算法的实现效果

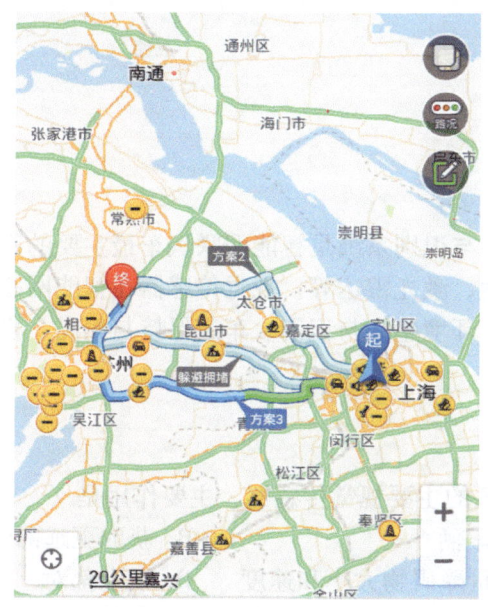

图 2-61　依托感知信息通过算法获得路径规划方案

任务实施

实施步骤：
1）根据网络或者书籍查找最新视觉传感器，并标明型号和用途。
2）根据已查找的传感器进行分类。
3）简写不同传感器的用途和属性填写下列实训工单。

实训工单

实训项目		查找智能汽车最新视觉传感器类型			
姓名		班级		学号	
实训地点		学时		日期	
实训结果					
车型序号	车型名称	属性1	属性2	属性3	属性4
1					
2					
3					
实训结果分析					
实训心得					
指导教师			成绩		

归纳总结

智能网联汽车环境感知与识别系统是智能网联汽车最主要的系统之一，视觉传感器主要包括：摄像头、毫米波雷达、激光雷达等，视觉传感器在智能网联汽车中的应用主要有全景摄像、倒车与防碰撞系统、环境感知与识别、车道保持与偏离、盲区监测等。

思考与练习

1. 车载摄像头是 ADAS 的主要视觉传感器，主要作用是（　　）。
   A. 拍摄车道上行驶的车辆　　　　　　B. 获取更远的隐蔽区域
   C. 测距、测角度、测量障碍物大小和速度　　D. 以上都对

2. 图像传感器是智能车辆路径识别模块中摄像头的重要组成部分，主要作用是（　　）。
   A. 检测可见光、紫外线、X 射线、近红外光等
   B. 实现视觉功能的信息采集、转换和扩展
   C. 提供真实、多级、多内容的视觉图像信息
   D. 以上都对

3. 根据汽车摄像头模块的不同，目前使用的摄像头分为（　　）
   A. 单目摄像头　　　　　　　　　　B. 双目摄像头
   C. 三目摄像头　　　　　　　　　　D. 多目摄像头

4. 超声波雷达是汽车上最常用的一种传感器，主要应用于（　　）的距离探测。

A. 2.5~5m　　　　B. 50~100m　　　　C. 100~150m　　　　D. 200m 以上

5. 超声波雷达利用传感器中的超声波发生器产生（　　）的超声波，然后接收探头接收障碍物反射的超声波，并根据超声波反射接收的时差计算出与障碍物的距离。

A. 20kHz　　　　B. 30kHz　　　　C. 40kHz　　　　D. 50kHz

6. 车载超声雷达主要分为（　　）两大类。

A. APA　　　　B. BPA　　　　C. CPA　　　　D. UPA

7. 超声波雷达的最大探测距离为（　　），最小探测距离为（　　）。

A. 1.5~5m　　　　B. 2.5~5m　　　　C. 15~35cm　　　　D. 25~35cm

8. 用于汽车的毫米波雷达的频带频率有（　　）。

A. 24GHz、60GHz、77GHz、120GHz　　　　B. 60GHz、77GHz、120GHz
C. 24GHz、77GHz　　　　D. 24GHz、60GHz、77GHz

9. 毫米波的频带频率高于射频，低于可见光和红外线，相应的频率范围为（　　）。

A. 20~300GHz　　　　B. 30~300GHz　　　　C. 40~300GHz　　　　D. 30~200GHz

10. 毫米波雷达结构包括（　　）。

A. 天线　　　　B. 收发模块　　　　C. 信号处理模块　　　　D. 报警模块

11. 根据毫米波雷达的有效射程，车载毫米波雷达可分为（　　）。

A. 长距离雷达（LRR）　　　　B. 中距离雷达（MRR）
C. 短距离雷达（SRR）

拓展提高

3D 视觉技术的发展

近年来，随着芯片技术的发展以及相关软硬件系统的深入，视觉传感器得到了极为广泛的应用。社会越来越智能，可以使用人工智能和大数据技术将人们记录下来的图像智能地利用起来，而不是用一个个柜子将图像、视频束之高阁。

从胶卷到 CCD 再到现在特别成熟、随处可见的 CMOS，人们对图像传感器的性能追求也逐渐发生了改变。

AI 的出现以及其自我学习、自我改进的功能，使自动驾驶成为可能。可是只有 AI，自动驾驶也无法实现，还需要摄像头、激光雷达、毫米波雷达等各类传感器的辅助。

传感器对进入智能时代至关重要。有了 3D 传感器，自动驾驶能准确检测到来往行人和车辆，使行驶变得更安全。

3D 传感器在所有 AI 领域几乎都有广泛的应用，如新零售、自动驾驶、个性化教育、智慧医疗、智能安防、智能监护、智能机器人等，未来 3D 视觉技术将在各个领域有更广泛的应用。

项目三
智能网联汽车导航定位系统与高精度地图

 课前导读

中国"北斗"问世

2020年7月31日，中国向全世界郑重宣告，中国自主建设、独立运行的全球卫星导航系统已全面建成，中国北斗自此开启高质量服务全球、造福人类的崭新篇章。

抗击疫情，分秒必争，北斗"交通"打通火线运输线，确保防疫物资及时送达；国庆阅兵，举世瞩目，北斗"标齐"大显身手，受阅方队、装备"米秒不差"，阅出了军威、国威；北斗让人们自由行走在川流不息的马路、穿梭于大街小巷……

中国北斗是我国自主建设的卫星导航系统。它是国家安全和经济社会发展不可或缺的信息基础设施，是大国地位和综合国力的重要标志。

当代大学生是祖国的未来，在当前世界新形势下要坚定自己的意志，坚定自己的理想信念，锤炼自己的心智，更要认清自己的历史使命和责任担当，要有"为天地立心，为生民立命，为往圣继绝学，为万世开太平"的志向，更要有传承文明，继往开来，造福公众，科技报国的坚定决心！

项目三　智能网联汽车导航定位系统与高精度地图

学习目标

通过对本项目的学习掌握导航定位的含义；理解导航定位系统的分类；了解 GPS 全球定位系统、北斗卫星导航系统、惯性导航系统的组成和原理；熟悉高精度地图的原理及作用。

能够：
- 掌握卫星导航定位的原理；了解卫星导航定位系统的类型。
- 了解北斗卫星导航系统的历史；掌握北斗卫星导航系统的组成及作用。
- 掌握 GPS 卫星定位系统的组成及作用。
- 掌握惯性导航系统的原理。
- 掌握高精地图的作用。

项目引入

智能网联汽车将改变人们的驾驶方式，由传统的驾驶人驾驶到无转向盘、无人监管的自动驾驶。智能网联汽车在不远的将来将大大改变人类的交通出行和驾驶方式，利用车载导航软件，完成出发地和目的地之间的导航。

任务一　导航定位系统认知

知识点：导航定位系统。
能力点：掌握导航定位技术，掌握定位系统原理。

任务情境

小王开车到一个新的地方找不到位置，于是利用地图软件，很快就找到了目的地。

相关知识

一、导航系统的定位方式

智能网联汽车通过定位系统来确定自己在行驶环境中的具体位置，再通过导航系统获取行驶路径和方向，在实际中将定位系统和导航系统融合为一个整体，如图3-1所示。

图 3-1　导航定位图

在智能网联汽车中位置定位方式有三种：相对定位、绝对定位和组合定位。
（1）相对定位　依据车辆的初始位置，利用惯性导航获得车辆的初始加速度和角加速度，并对其进行时间上的积分，从而得到当前的位置信息。
（2）绝对定位　通过卫星定位系统，利用卫星获得车辆在地球上的位置信息。
（3）组合定位　将相对定位和绝对定位组合在一起的定位方式。

二、导航系统的定位技术

当前智能网联汽车的定位技术主要有 INS（惯性导航系统）、DGPS（差分全球定位系统）、激光雷达定位系统等。

1. INS（惯性导航系统）

（1）惯性导航系统的定义　惯性导航系统（INS）是一种利用惯性传感器测量载体的角速度信息，并结合给定的初始条件实时推算速度、位置、姿态等参数的自主式导航系统。具体来说，惯性导航系统属于一种推算导航方式，即从已知点的位置根据连续测得的运动载体航向角度和速度推算出其下一点的位置，因而可连续测出运动体的当前位置。惯性导航系统一般采用加速度传感器和陀螺仪传感器来测量载体参数，惯性导航涉及力学、控制理论、计算机技术、测试技术、精密机械技术等，是一门综合性应用技术，如图3-2所示。

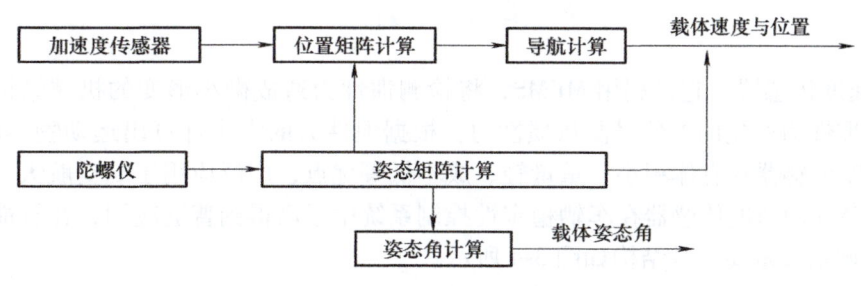

图3-2　惯性导航系统原理

（2）惯性导航系统的作用

1）在GPS信号丢失或很弱的情况下，可弥补GPS的信号，即便是全球所有的卫星定位系统都无法避免信号全面覆盖的缺陷，所以在智能网联汽车或者无人驾驶汽车上必备惯性导航系统。

2）配合激光雷达，提供高精度定位，建立激光雷达云点的三维坐标系。当激光雷达实时扫描单次的点云数据后，结合单次的点云数据进行匹配，并进行特征提取。特征提取与实时提取的特征进行匹配，最终得到精确的车辆位置。

（3）惯性导航系统的特点

1）不依赖于任何外部信息，屏蔽性好，不受外界电磁干扰。

2）可全天候在任何地点工作。

3）信息连续性好，能提供位置、速度、航向和姿态角数据。

4）稳定性好、数据更新率高。

（4）惯性导航系统的核心部件　假设一辆车正以恒定速度直线行驶，已知汽车的初始位置、速度及行驶时长，则可以算出汽车的当前位置。再进一步，可以使用加速度、初始速度和初始位置计算汽车在任何时间点的车速和位置。而在这个计算过程中，需要解决如何测量加速度的问题。

为了测量加速度，需要三轴加速度传感器，但加速度传感器本身不足以计算车辆的位置和速度，加速度传感器根据车辆的坐标系记录测量结果，而后这些测量值被转换成世界坐标系，为了实现这种转换需要借助陀螺仪。

1）陀螺仪。陀螺仪是一种绕支点高速旋转的物体，当它在高速运行时，可以直立地立在地面上而不会倾倒，这表明高速旋转的物体具有保持其旋转轴方向恒定的特性。陀螺仪的结构主要由转子（旋转轮）、内框和外框等组成，如图3-3所示。

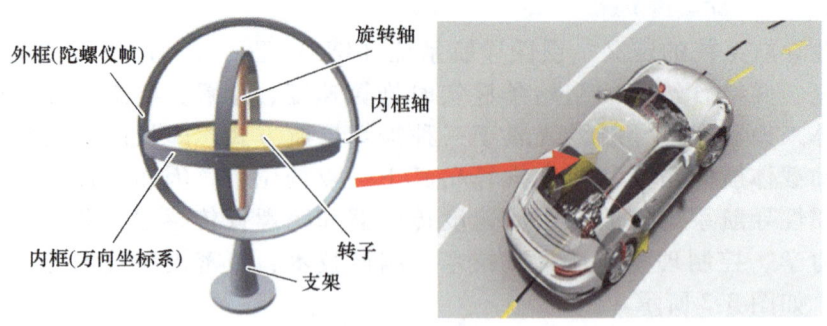

图 3-3 陀螺仪

2）加速度传感器。它是利用 MEMS，将检测惯性力造成微小形变的机械结构集成在芯片中，采集惯性力产生的电信号测量惯性力，根据惯性力的大小计算出运动物体的线速度。MEMS 加速度传感器具有体积小、重量轻、成本低等优点，广泛应用于航空航天、汽车电子等领域。MEMS 加速度传感器在车辆稳定性控制系统中早已得到普遍应用，在智能网联汽车惯性导航领域至关重要，其结构如图 3-4 所示。

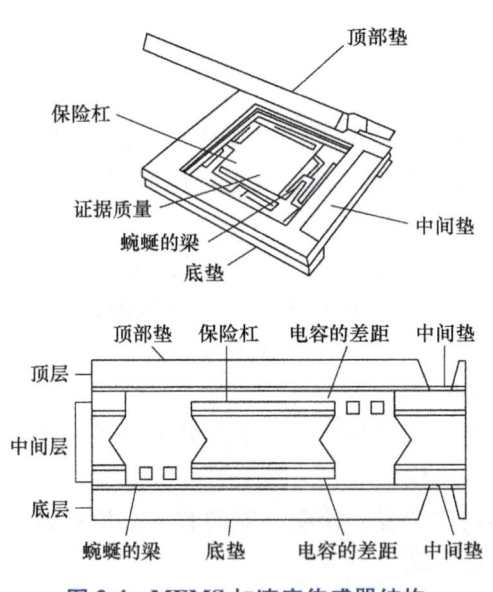

图 3-4 MEMS 加速度传感器结构

3）惯性测量单元。加速度传感器和陀螺仪结合为惯性测量单元（IMU），一个解决速度，一个解决方向。IMU 的一个重要特征在于它以高频率更新，其频率可达到 1000Hz，所以 IMU 可以提供接近实时的位置信息。惯性导航系统可以看成是 IMU 与软件的结合。图 3-5 所示为 IMU 产品，通过内置的微处理器，能够以最高 200Hz 的频率输出实时的高精度三维位置速度、姿态信息。

典型的六轴 IMU 由六个传感器组成，这些传感器排

图 3-5 惯性测量单元

列在三个正交轴上,每根轴上都有一个加速度计和一个陀螺仪。加速度计可以测量载体的瞬时加速度信息,根据计算获得载体的瞬时速度和位置;陀螺仪可以测量瞬时角速率或角位置信息,提供各轴(及其上加速度计)在各时刻的方向。空间物体瞬时运动参数、直线运动参数和角运动参数可由 IMU 测量得到。惯性导航可利用这些参数来计算物体空间位置和速度,并且通过测量单元提供的数据,估测车辆姿态。

2. DGPS

差分全球定位系统(Differential Global Positioning System,DGPS 或差分 GPS),是一种应用于全球定位系统中用以提高民用定位精度的技术,如图 3-6 所示。

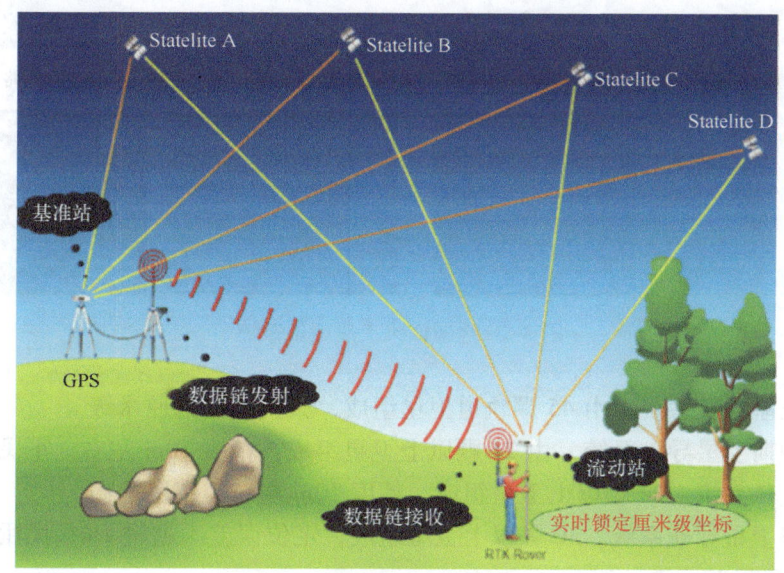

图 3-6　差分全球定位系统

3. 激光雷达定位系统

激光雷达 Li-DAR(Light Laser Detection and Ranging)定位系统是激光探测及测距系统的简称。激光雷达是一种工作在从红外到紫外光谱段的雷达系统,利用激光脉冲进行探测的称为脉冲激光雷达,把利用连续波激光束进行探测的称为连续波激光雷达。激光雷达定位系统的作用是能精确测量目标位置(距离和角度)、运动状态(速度、振动和姿态)和形状,探测、识别、分辨和跟踪目标,如图 3-7 所示。

图 3-7　激光雷达定位系统

三、全球四大卫星导航系统

截至目前，全球四大比较成熟的卫星导航定位系统有：中国北斗卫星导航系统（BDS）、俄罗斯的格洛纳斯卫星导航系统（GLONASS）、美国全球定位系统（GPS）以及欧盟的伽利略卫星导航系统（GALILEO），如图3-8所示。

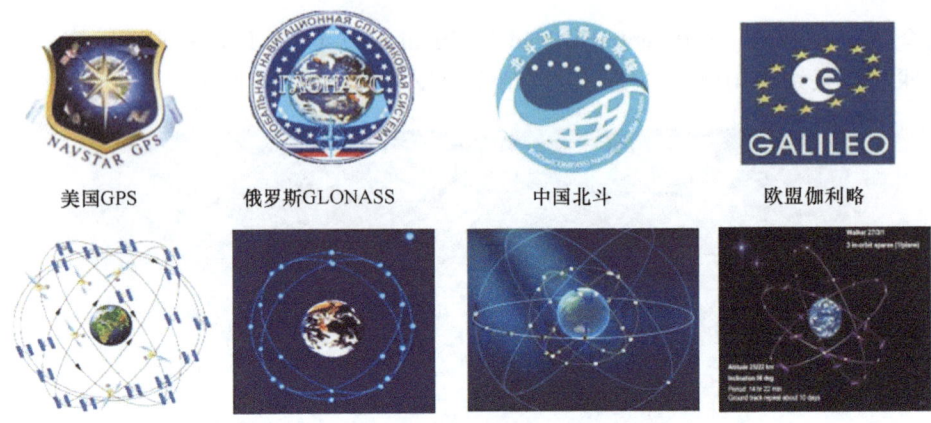

图 3-8　全球四大卫星定位系统

1) 北斗卫星导航系统。由45颗轨道卫星组成，其精度可达厘米级。
2) 格洛纳斯卫星导航系统。由24颗以上卫星组成，精度10m左右，军民两用。
3) 全球定位系统。24颗以上卫星组成，精度10m左右，军民两用。
4) 伽利略卫星导航系统。30颗以上卫星组成，定位误差不超过1m，民用。

1. 北斗卫星导航系统（BDS）

（1）北斗卫星导航系统概述　北斗卫星导航系统（BDS）是我国自主研发的全球卫星导航定位系统，是继GPS、GLONASS之后第三个成熟的卫星导航系统，以为全球开展环境监测、森林防火、船舶运输、渔业生产、海上作业、水文预报、公路运输、铁路运输、导航定位、海上搜救和救援、军事、海关、公安等提供服务。

（2）北斗卫星导航系统的组成　北斗卫星导航系统由空间段、地面段、用户段三部分组成，如图3-9所示，具体构成如下。

1) 空间段　空间段包括5颗轨道静止卫星和30颗轨道非静止卫星，非轨道静止卫星包括中地轨道卫星27颗、倾斜同步轨道卫星3颗。中地轨道卫星运行在三个轨道面上，轨道面均匀分布120°。

2) 地面段　地面段由主控站用于系统运行管理和控制，接收来自监测站的数据，并对其进行处理，生成卫星导航信息和差分完整性信息；然后将信息传送到注入站进行发送。注入站用于向卫星发送信号、控制和管理卫星，在接收到主站调度后，向卫星发送卫星导航信息和差分完整性信息。监测站用于接收卫星信号并将其发送到主控站进行卫星监测，以确定卫星轨道，并为时间同步提供观测。

3) 用户段　用户段包括北斗用户终端和与其他卫星导航系统兼容的终端。接收器需要捕捉和跟踪卫星的信号，并根据数据以一定的方式进行定位计算，最终获得用户的纬度、经

项目三 智能网联汽车导航定位系统与高精度地图

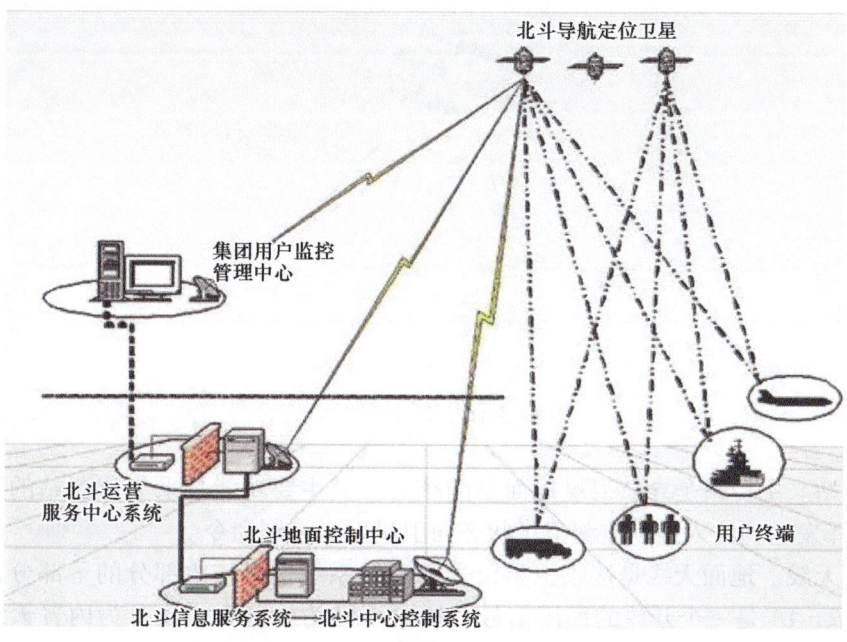

图 3-9 北斗卫星导航系统组成

度、海拔、速度、时间等信息。北斗系统可以为全世界各种用户提供全天候、高精度、高可靠性的定位、导航和定时服务，具有短消息通信能力，定位精度为 10m，测速精度为 0.2m/s，定时精度为 10ns。

（3）北斗卫星导航系统优点

1）北斗卫星导航系统同时具备定位与通信功能，不需要其他通信系统支持；而 GPS 只能定位。

2）覆盖范围大，没有通信盲区。

3）特别适合于集团用户大范围监控管理和数据采集用户的数据传输应用。

4）融合北斗导航定位系统和卫星增强系统两大资源，因此也可利用 GPS，使应用更加丰富。

5）自主系统，安全、可靠、稳定，保密性强，适合关键部门应用。

2. 全球定位系统（GPS）

（1）GPS 的组成　GPS 的卫星如图 3-10 所示，24 颗卫星均匀分布在 6 个轨道上面，轨道倾角为 55°，每一轨道面相距 60°，即轨道的高度为 60°。各轨道平面上，卫星间的仰角相隔 90°，其中一个轨道平面上的卫星比相邻轨道平面上相应的卫星提前 30°。

GPS 由地面控制部分、空间部分和用户设备部分三部分组成，如图 3-11 所示。

1）地面控制部分。地面控制部分有主控站、地面天线、监测站和通信辅助系统。

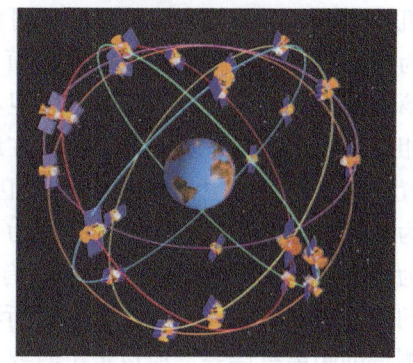

图 3-10 GPS 的卫星

61

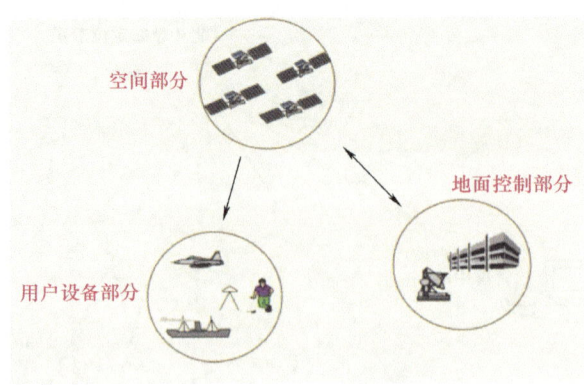

图 3-11　GPS 的组成

① 主控站。主控站是导航卫星地面站的核心，其主要功能是采集监测站的数据，并将导航信息编译发送到注入站，监测卫星状态向卫星发送控制命令。

② 地面天线。地面天线是接收卫星信号的时钟系统信号接收部分的子部分，卫星信号分为 L1 和 L2，L1 是一个开放的民用信号，按照不同的放置方式又分为内置天线和外置天线，从供电方面又分为有源天线和无源天线，汽车车载的 GPS 天线多为内置圆形天线，也有线性天线。

③ 监测站。监测站是在 GPS 中监测和采集数据的卫星信号接收站，其主要功能是对导航卫星信号进行跟踪监测，接收导航卫星信息，测量监测站相对导航卫星的伪距、载波相位和多普勒观测数据，经处理后送入主控站。

④ 通信辅助系统。通信辅助系统是在卫星上安装具有一定功率的转发器，对地面发射的信号进行适当地处理，并传递到另一地点，实现两个或两个以上地点之间的通信。

2）空间部分。由 24 颗卫星组成一个 GPS 卫星组，其中 21 颗是导航卫星，3 颗是活动卫星。

3）用户设备部分。用户设备包括卫星导航接收器和卫星天线，主要是根据一定的卫星截止角捕获被测卫星，并跟踪这些卫星的运行情况。

（2）GPS 的工作原理　GPS 的卫星不断地传送轨道信息和卫星上的原子钟产生的精确时间信息，GPS 接收机上有个专门接收无线电信号的接收器，同时也有自己的时钟。当接收机收到一颗卫星传来的信号时，可以测定该卫星离用户的空间距离，用户就位于以观测卫星为球心、以观测距离为半径的球面与地球表面相交的圆弧的某一点；当 GPS 接收机观测到第二颗卫星的信号时，以第二颗卫星为球心，以第二个观测距离为半径的球面也与地球表面相交为一个圆弧，上述两个圆弧在地球表面会有两个交会点，这还不能确定出用户唯一的位置，当 GPS 接收机观测到第三颗卫星的信号时，以第三颗卫星为球心，以第三个观测距离为半径的球面也与地球表面相交为一个圆弧，上述 3 个圆弧在地球表面相交于一点，该点即为 GPS 用户所在的位置。如果没有时钟误差，用户接收机只要利用接收观测到的 3 颗卫星的距离观测值，就可以确定用户所在的唯一位置。但由于 GPS 接收机的时钟有误差，会使测得的距离有误差，所以定位时要求接收机至少观测到 4 颗卫星的距离观测值才能同时确定用户所在空间位置及接收机时钟差。当 GPS 接收机观测到 4 颗以上的卫星信号时，就可以得到更为精确和可靠的位置、速度和时间信息，如图3-12所示。

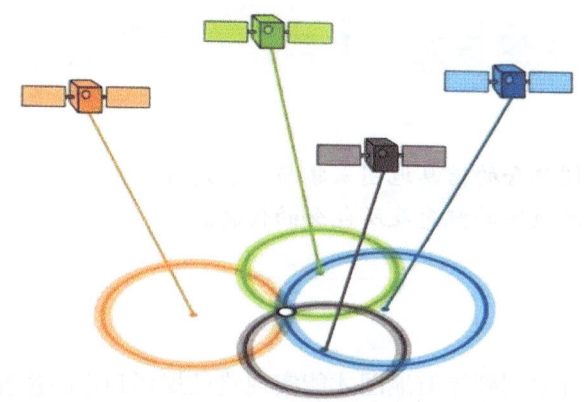

图3-12 四卫星定位原理

（3）GPS的特点

1）能够全球全天候定位。因为GPS卫星的数目较多，且分布均匀，保证了地球上任何地方、任何时间至少可以同时观测到4颗GPS卫星，确保实现全球全天候连续的导航定位服务。

2）覆盖范围广。能够覆盖全球98%的范围，可满足位于全球各地或近地空间的军事用户连续精确地确定三维位置、三维运动状态和时间的需要。

3）定位精度高。GPS相对定位精度在50km以内可达6～10m，100～500km可达7～10m，1000km可达9～10m。

4）观测时间短。20km以内的相对静态定位仅需15～20min；快速静态相对定位测量时，当每个流动站与基准站相距15km以内时，流动站观测时间只需1～2min；采取实时动态定位模式时，每站观测仅需几秒。

5）可提供全球统一的三维地心坐标，可同时精确测定测站平面位置和大地高程。

6）测站之间无须通视，只要求测站上空开阔，这既可大大减少测量工作所需的经费和时间，也使选点工作更灵活，可省去传统测量中的传算点、过渡点等的测量工作。

任务二　高精度地图认知

知识点：高精度地图包含的信息地图采集与录制过程。
能力点：掌握高精度地图的概念及所包含的信息。

任务情境

在车辆驾驶过程中都要用到导航地图才能实现路径规划和道路选择，智能网联汽车要想实现导航定位和路径规划就必须要依靠高精度地图。

相关知识

高精度地图（图3-13）是指高精度、精细化定义的地图，其精度需要达到厘米级才能够区分各个车道。

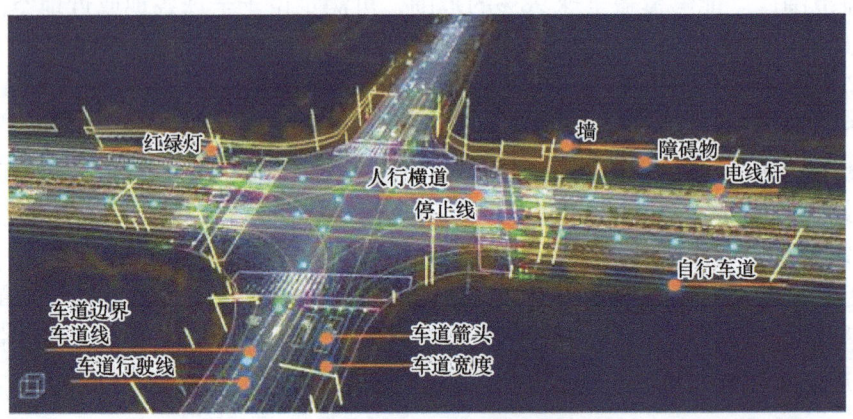

图3-13　高精度地图

高精度地图包含的道路交通信息很丰富，可分为基础信息层、道路信息层、周围环境信息层和其他信息层，如表3-1及图3-14所示。

表3-1　高精度地图包含信息

分层	包含信息
基础信息	车道方向、宽度、车道坡度、倾斜角、航向车道位置、类型
道路信息	红绿灯、人行道、可通行高度、标志牌等
周围环境信息	障碍物、建筑等
其他	天气、交通事故信息等

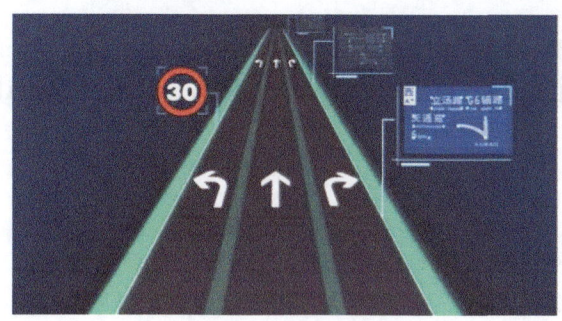

图 3-14　高精度地图信息

（1）导航地图和高精度地图的区别

1）导航地图使用者是驾驶人，高精度地图使用者是自动驾驶系统。

2）高精度地图能够真实地反映出道路的实际样式，导航地图描绘道路，区分车道。

3）高精度地图把道路形状进行详细、精确展示，导航地图不能把道路形状的细节完全展现，如图 3-15 所示。

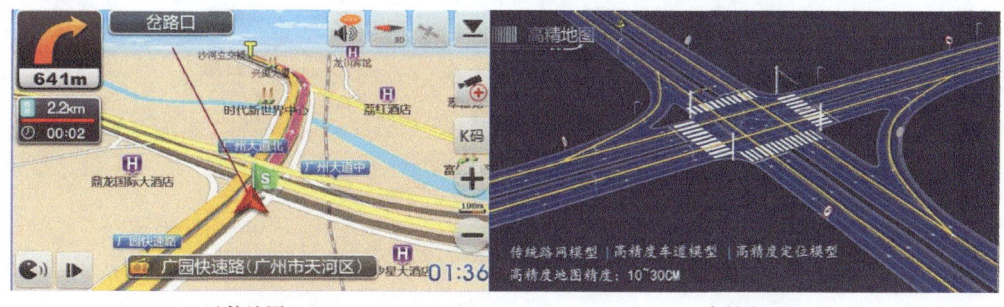

　　　　　导航地图　　　　　　　　　　　　　　高精度地图

图 3-15　导航地图与高精度地图

高精度地图的信息采集是靠地图采集车上的激光雷达、高清摄像头、惯性导航系统及 GPS，把误差范围控制在 10cm 以内，如图 3-16 所示。

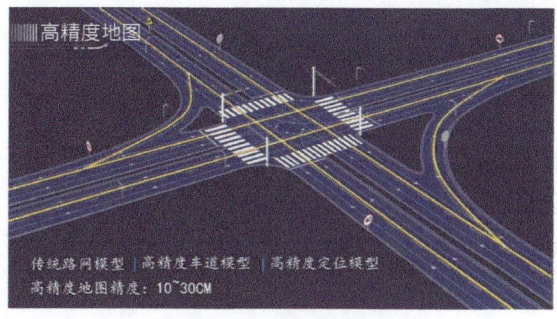

图 3-16　高精度地图

（2）高精度地图的作用

1）高精度定位。将感知到的环境信息与高精度地图进行对比，得到车辆的精确位置，这是路径规划的前提。

2）辅助环境感知。在高精度地图上标注详细道路信息，辅助汽车在感知过程中进行验证。

3）规划与决策。通过云端得到几千米外的道路信息，以提前避让。

任务实施

导航软件使用。具体实施步骤：

1）打开车载导航软件。
2）定位当前所在地。
3）输入目的地。
4）选择规划路线。
5）根据路线规划完成导航，完成下列实训工单。

实训工单

实训项目		导航软件使用			
姓名		班级		学号	
实训地点		学时		日期	
操作步骤					
质量检查					
评价反馈					

归纳总结

本项目主要讲解智能网联汽车卫星导航系统的概念、定位技术、分类及工作原理等，着重介绍了我国的卫星导航系统，简单介绍了高精度地图的概念、高精度地图的应用，通过学习能够了解我国和世界导航定位系统的现状，掌握智能网联汽车高精度地图的相关信息。

思考与练习

一、简述题

1. 普通导航地图与高精度地图的区别是什么？

2. 无人驾驶汽车为什么必须配备惯性导航系统？
3. 惯性导航系统的技术原理是什么？
4. 北斗卫星导航系统的工作原理是什么？
5. BSD 北斗卫星导航系统与 GPS 全球定位系统的区别是什么？

二、填空题

1. 全球导航卫星系统包括美国的（　　　）、中国的（　　　）、俄罗斯的（　　　）以及欧盟的（　　　）。
2. 高精度是指定位精度要达到（　　　）。
3. 差分全球导航定位系统（DGPS）是在 GPS 的基础上利用（　　　）技术使用户能够从 GPS 中获得更高的精度。DGPS 由（　　　）和（　　　）组成。
4. 惯性导航系统一般采用（　　　）和（　　　）来测量载体参数。
5. 在自动驾驶过程中，高精度地图起到了（　　　）等作用。

三、选择题

1. 不属于 GPS 的是（　　　）
   A. 卫星　　　　　　B. 控制站　　　　　C. 接收器　　　　　D. 高精度地图
2. 具有定位和通信功能的是（　　　）。
   A. 美国的全球定位系统（GPS）
   B. 中国的北斗卫星导航系统（BDS）
   C. 俄罗斯的格洛纳斯（GLONASS）卫星定位系统
   D. 欧盟的伽利略（GALILEO）卫星定位系统
3. GPS 定位时要求接收机至少观测到（　　　）颗卫星的距离观测值才能同时确定出用户所在空间位置。
   A. 3　　　　　　　B. 4　　　　　　　C. 5　　　　　　　D. 6
4. 高精度地图采集使用的传感器是（　　　）和（　　　）。
   A. 毫米波雷达　　　B. 超声波雷达　　　C. 激光雷达　　　　D. GPS

拓展提高

精准农业中的卫星导航定位技术

精准农业中的卫星导航定位技术主要包括农业机械控制、精准病虫防治和灌溉、农田资源的普查和规划等，如图 3-17 所示。

1. 农业机械控制

卫星导航定位技术在农业机械控制中的应用主要包括变量施肥播种机、联合收割机、无人驾驶拖拉机等。

（1）变量施肥播种机　它是利用田间不同区域应有的施肥量或播种量、定位信息、步进电动机步进值等农事变量作业信息，进行针对性的播种。

（2）联合收割机　在联合收割机上安装全球定位系统接收机和地理信息系统，在农作物收割的时候，利用 GNSS 技术和产量传感器，由此获得农田作业区内不同区域、不同地块

图 3-17　精准农业卫星导航技术

的农作物产量分布，把这些数据经过处理后可以制作产量分布图。

（3）无人驾驶拖拉机　无人驾驶拖拉机是由固定操作站控制的无人驾驶农业机械，在全球卫星定位系统或在田间附近地面系统的导航下工作，具有很多优越性。

2. 精准病虫防治和灌溉

卫星导航定位技术在精准病虫防治和灌溉中的应用主要包括精准喷药、精准灌溉系统等。

（1）精准喷药　精准喷药是运用 GNSS 监测病虫草害，是预测预报的新手段，通过 GNSS 系统连接高质量视频摄像系统拍摄分析图像，可以收集原始数据，监测大田作物，得出田间病虫草害分布大小位置，并可以通过逐次拍摄确认害虫的迁飞路线、种群数量和为害程度，以及病虫草害发展方向及流行趋势。

（2）精准灌溉　在田间运用 GNSS 土地参数采样器采集植物生长的环境参数，如土壤湿度、地温等，通过 GNSS 中心控制基站，利用专家系统进行植物分析，可以调控植物生长环境，精确调控节水灌溉系统。

项目四
智能网联汽车通信系统

 课前导读

量 子 通 信

作为新一代通信技术，量子通信基于量子信息传输的高效和绝对安全性，成为近几年来国际科研竞争中的焦点领域之一。合肥城域量子通信试验示范网于 2010 年 7 月启动建设，2012 年 3 月 30 日正式投入使用。合肥量子通信网的建成使用，标志着我国继量子信息基础研究跻身全球一流水平后，在量子信息先期产业化竞争中也迈出了重要一步。

中国是世界上率先把量子通信产业化的国家，量子信息因其传输高效和绝对安全等特点，被认为可能是下一代 IT 技术的支撑性研究，并成为全球物理学研究的前沿与焦点领域。量子通信不仅可以用于军事、国防等领域的国家级保密通信，还可以用于涉及秘密数据、企业机密等领域和部门，未来应用市场前景非常广阔。

学习目标

通过对本项目的学习，了解 V2X 技术的定义；掌握 V2X 技术的应用；了解移动通信技术的组成及发展；了解无线通信技术的分类及应用。

能够：
➢ 明确智能网联汽车是如何实现通信的。
➢ 掌握智能网联汽车上主要的通信系统及分类。

 项目引入

智能网联汽车不是独立的个体，而是无数个移动终端。智能网联汽车之间，智能网联汽车与道路基础设施、行人之间都有信息交流，以保证安全行驶，提高通行效率。智能网联汽车常用的通信方式有哪些？能够实现 V2X 之间的通信方式又有哪些？本单元将揭晓答案。

任务一 V2X 技术认知

知识点：什么是智能网联汽车 V2X 技术；V2X 技术在智能网联汽车中的应用。
能力点：掌握 V2X 技术的含义；掌握 V2X 技术在智能网联汽车上的具体实现方式。

任务情境

智能网联汽车要想实现信息的互联互通，就离不开 V2X 技术，什么是智能网联汽车的 V2X 技术？在这一任务将会为大家具体讲解。

相关知识

1. V2X 的定义

智能网联汽车 V2X 通信代表车辆与车辆通信（V2V）、车辆与基础设施通信（V2I）、车辆与行人通信（V2P）、车辆与应用平台或云端通信（V2N）等，如图 4-1 所示。

V2V 是 Vehicle to Vehicle 的英文缩写，即车辆自身与其他车辆之间的信息交换。

V2I 是 Vehicle to Infrastructure 的英文缩写，即车辆自身与基础设施之间的信息交换。基础设施主要包括红绿灯、公交站台、交通指示牌、立交桥、隧道、停车场等。

V2P 是 Vehicle to Pedestrian 的英文缩写，即车辆自身与外界行人之间的信息交换。

V2R 是 Vehicle to Road 的英文缩写，即车辆自身与道路之间的信息交换。按照道路的特殊性而言，V2R 又可分为两大类型，一类是车辆自身与城市道路之间的信息交换，另一类是车辆自身与高速公路之间的信息交换。

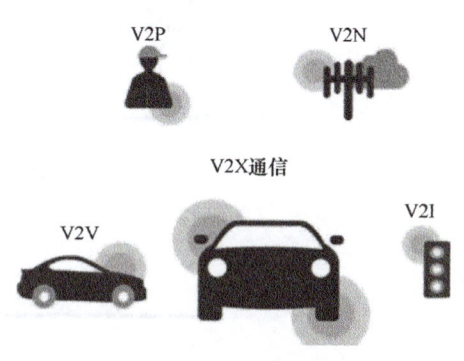

图 4-1 V2X 通信

V2N 是 Vehicle to Network 的英文缩写，即车辆自身或驾驶人与互联网之间的信息交换。车辆驾驶人与互联网之间的信息交换，主要包括车辆驾驶人通过车载终端系统向互联网发送需求，从而进行诸如娱乐应用、新闻资讯、车载通信等；车辆驾驶人通过应用软件可及时从互联网上获取车辆的防盗信息。

2. V2X 技术在智能网联汽车中的具体应用

1）基于 V2I 的道路异常状态预警，如图 4-2 所示。
2）基于 V2I 的道路湿滑预警，如图 4-3 所示。
3）基于 V2I 的道路施工预警，如图 4-4 所示。
4）基于 V2I 的交通标识、标牌信息显示，如图 4-5 所示。

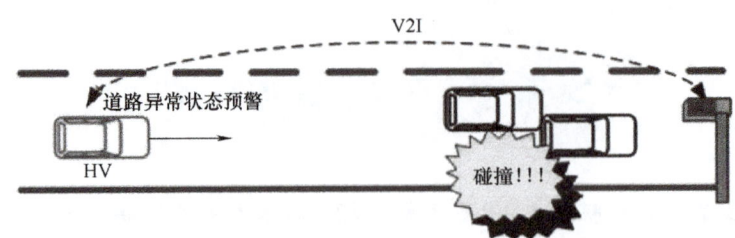

图 4-2　基于 V2I 的道路异常状态预警示意图

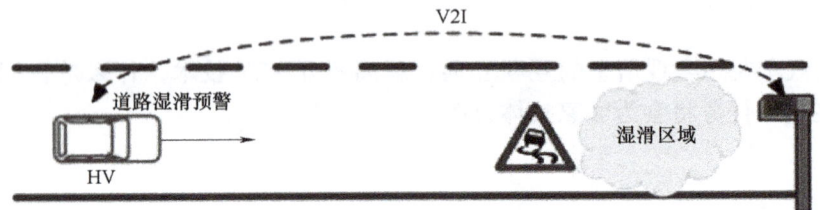

图 4-3　基于 V2I 的道路湿滑预警示意图

图 4-4　基于 V2I 的道路施工预警示意图

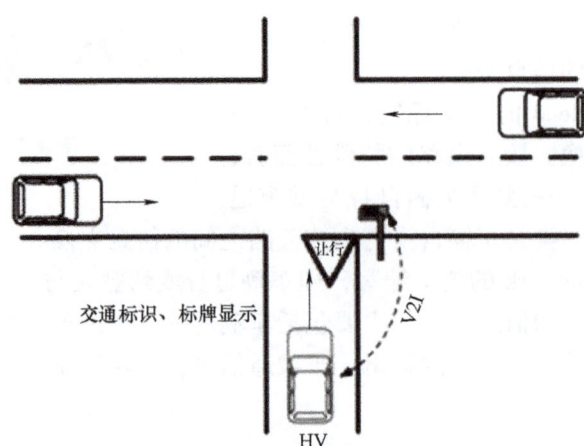

图 4-5　基于 V2I 的交通标识、标牌信息显示

5）基于 V2I 的主动安全控制，如图 4-6 所示。

6）基于 V2I 的行人预警，如图 4-7 所示。

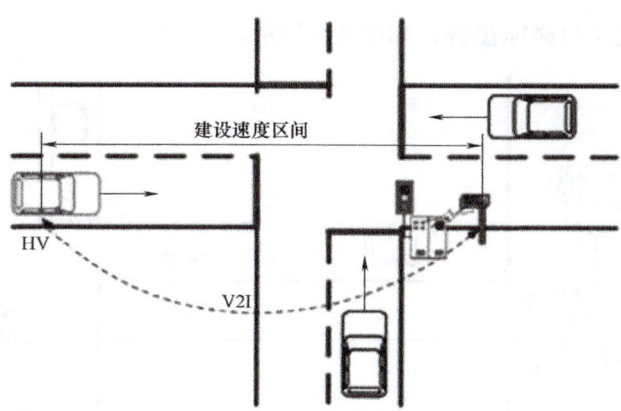

图 4-6 基于 V2I 的主动安全控制示意图

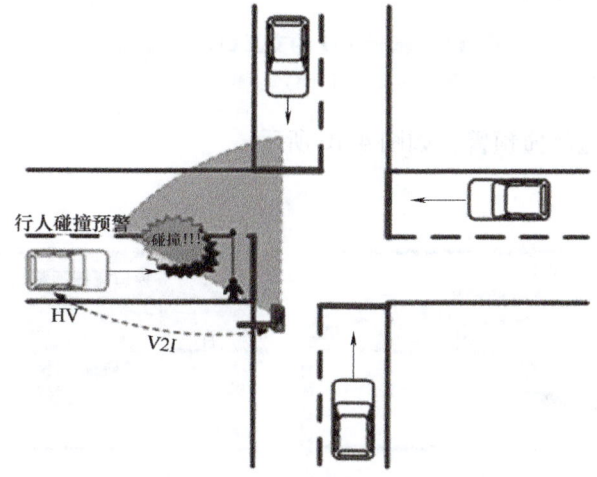

图 4-7 基于 V2I 的行人预警示意图

7）基于 V2I 的盲区碰撞预警，如图 4-8 所示。

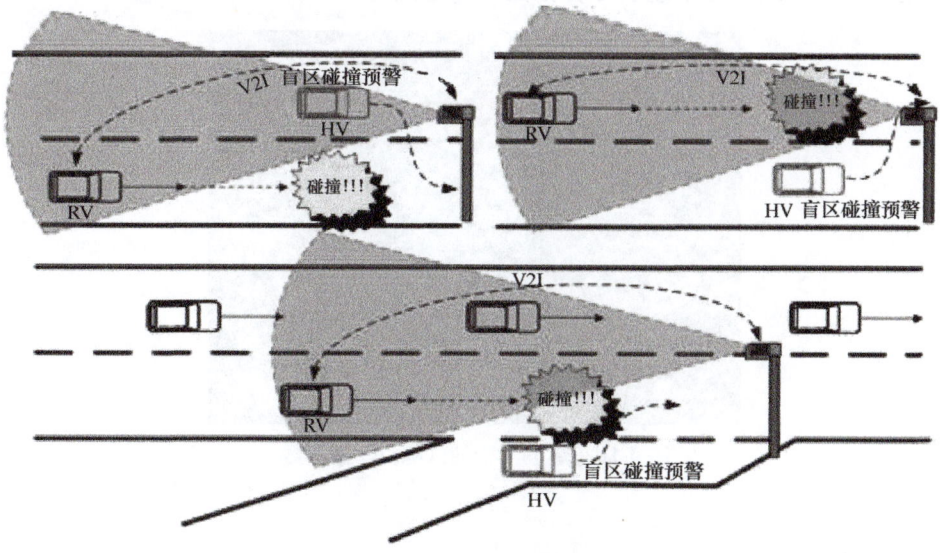

图 4-8 基于 V2I 的盲区碰撞预警示意图

8）基于V2I的交叉口碰撞预警，如图4-9所示。

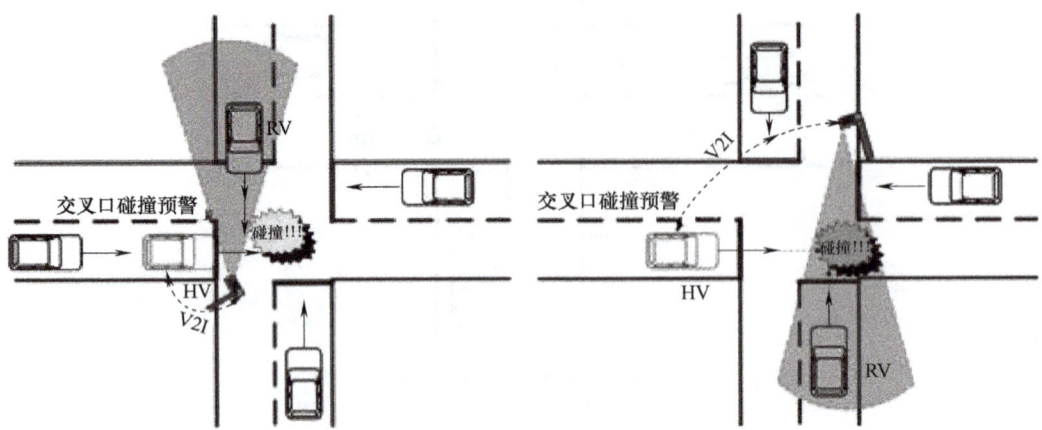

图4-9　基于V2I的交叉口碰撞预警

HV—主道车辆驶向交叉路　RV—侧向车辆驶向交叉路口

9）基于V2I的换道碰撞预警，如图4-10所示。

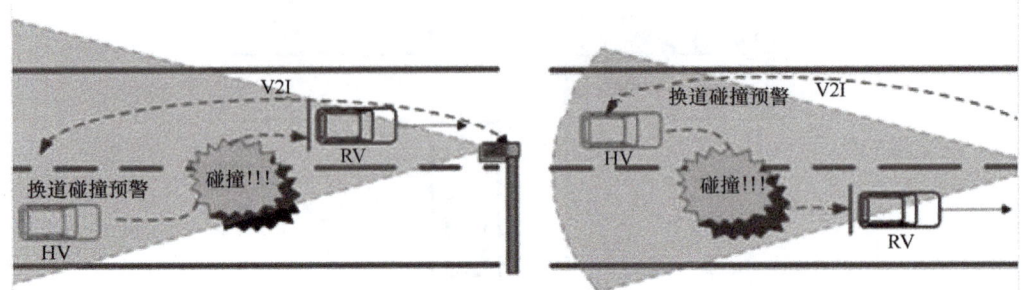

图4-10　基于V2I的换道碰撞预警示意图

10）基于V2I的红绿灯车速引导，如图4-11所示。

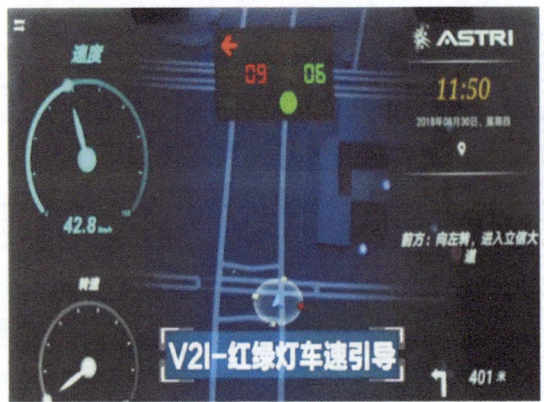

图4-11　基于V2I的红绿灯车速引导

项目四 智能网联汽车通信系统

任务二 移动通信技术认知

知识点：移动通信技术的组成及发展。
能力点：掌握移动通信技术在无人驾驶汽车中的具体应用。

任务情境

驾驶人小王在开车时通过车载语音助理拨打电话，通过车载通信设备很顺利地完成了业务交接。

相关知识

智能网联汽车要实现通信离不开移动通信技术的发展。

一、移动通信的定义及组成

1. 移动通信的定义

移动通信是指通信的双方至少有一方在运动中实现通信的方式，包括移动台与固定台之间、移动台与移动台之间、移动台与用户之间的通信。在移动通信中，常处于移动状态的电台称为移动台，常处于固定状态的电台称为基地台或基站。

5G 网络是第 5 代移动通信系统。5G 网络是 4G 网络的延伸，是对现有无线接入（包括 3G 网络、4G 网络和 WiFi）的技术演进，以及一些新增的补充性无线接入技术集成后解决方案的总称。

2. 移动通信系统的组成

移动通信系统主要由空间系统（通信卫星）、地面系统（地面基站、交换中心等）两大部分组成，如图 4-12 所示。

二、移动通信技术的发展

移动通信技术的发展，见表 4-1。

表 4-1 移动通信技术的发展

技术名称	出现年份	最高传输速率
第一代移动通信网络（1G）	1980 年	2.4kbit/s
第二代移动通信网络（2G）	1990 年	150kbit/s
第三代移动通信网络（3G）	2000 年	6Mbit/s
第四代移动通信网络（4G）	2010 年	100Mbit/s
第五代移动通信网络（5G）	2020 年	1Gbit/s

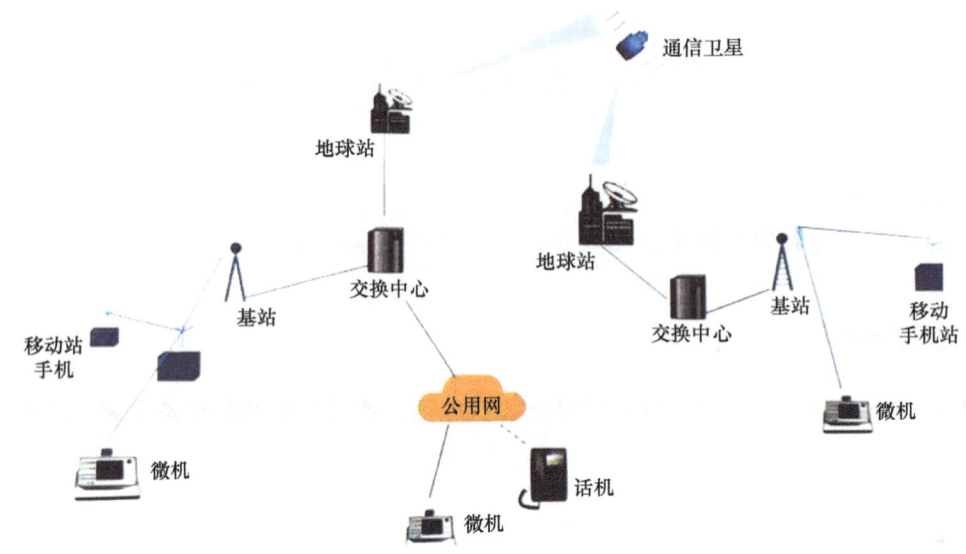

图 4-12　移动通信系统的组成

1. 1G 网络

1G 网络是第一代移动通信网络技术,它采用了模拟信号技术,在蜂窝基站的作用下,可将网络信号在邻近的各个基站之间进行相互传递,最终实现了移动电话的语音通话功能,最为典型的应用案例就是"大哥大"。1G 网络技术的诞生不仅为人类的生活、工作提供了诸多便利,也意味着拉开了移动网络新技术的序篇。

2. 2G 网络

2G 网络是第二代移动通信网络技术,它舍弃了 1G 网络时代的模拟信号传输技术,转而采用数字信号进行网络通信,这样大大提高了通话质量和通信系统的存储容量,最为典型的应用案例就是短信和手机铃声。2G 数字网络不仅使手机得到了广泛应用,而且推动了移动网络技术的高速发展。

3. 3G 网络

为规范移动网络技术的发展,国际电信联盟(International Telecommunication Union,ITU)针对第三代移动通信网络技术,颁发了《国际移动通信 2000 标准》。在 2000 年 5 月,国际电信联盟最终确定了四大标准,分别为 CDMA2000、WCDMA、TD-SCDMA、WIMAX 的无线接口标准。在我国国内仅支持 3 个标准:中国联通的 WCDMA、中国电信的 CDMA2000、中国移动的 TD-SCDMA。3G 网络时代最典型的应用是可通过互联网技术实现语音、图片、视频等内容的数据传输。

4. 4G 网络

WLAN(Wireless Local Area Networks)即无线局域网络。WLAN 遵循由国际电气和电子工程学会(IEEE)所定义的无线网络通信 IEEE802.11 标准。WLAN 利用射频技术,将原有的有线局域网升级为无线局域网,并被广泛应用到家庭与企业当中。4G 网络将 3G 网络技术和 WLAN 技术有效地融合在一起,使网络传输速率和传输质量较之前相比,得到了大幅度的提高。目前 4G 网络制式共有 LTE-FDD 和 LTE-TDD 两种。

（1）LTE-FDD　LTE（Long Term Evolution）即长期演进（指 3G 技术的演进）；FDD（Frequency Division Duplex）即分频双工。LTE-FDD 是全球通用的 4G 标准，被广泛应用。LTE-FDD 上行传输速率为 150Mbit/s，下行传输速率为 50Mbit/s。

（2）LTE-TDD　TDD（Time Division Duplex）即分时双工。LTE-TDD 是我国自主研发并实行的 4G 通信标准。LTE-TDD 上行传输速率为 100Mbit/s，下行传输速率为 50Mbit/s。

5. 5G 网络

5G 网络即为第五代移动通信网络技术，其传输速率可达 4G 网络的百倍之多。5G 网络的出现使得物联网能够获得更加广泛的应用，包括智能网联汽车、机器人、智慧城市、智慧农场等应用，如图 4-13 所示。

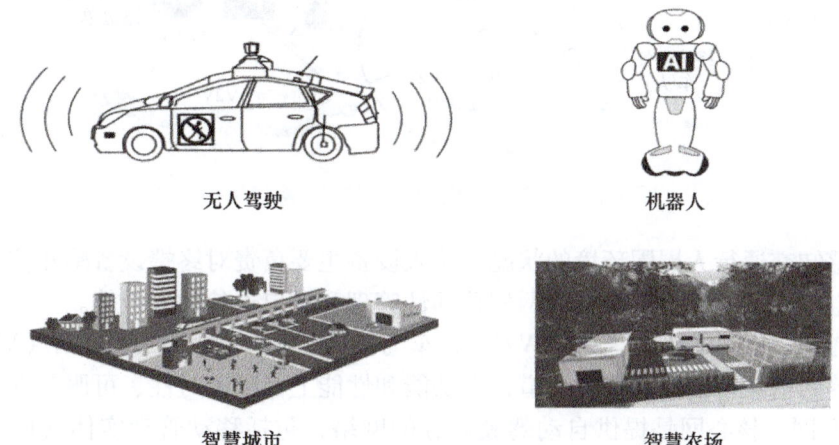

图 4-13　5G 的应用举例

三、移动通信在无人驾驶汽车中的应用

5G 移动通信技术不仅带来更快的传输速率和更高的网络带宽，也带来超高可靠性和低延迟，并实现大规模机器间的相互通信。无人驾驶汽车的大量应用将彻底改变城市交通管理的方式，城市将通过智能交通系统来实现最高效率的车流调度，最大限度利用交通运力。这就需要建立庞大的网络连接，而 4G 网络无法满足无人驾驶对海量数据的传输需求，5G 网络有望解决这个问题。5G 网络能够实现延迟低于 1ms，峰值传输速率高达 10Gbit/s。超低延迟和大数据文件的高速传输让 5G 网络能够实时地获取与周围环境的信息，支持 V2X 的应用。例如，汽车可使用基于云端的人工智能和数据，并且与路上其他汽车和包括路灯在内的交通基础设施进行通信。因此，5G 移动通信技术将在无人驾驶汽车领域释放强大的潜力，推动无人驾驶汽车技术的快速发展。

图 4-14 所示为面向无人驾驶汽车的 5G 网络架构，主要包括接入网、传输网、核心网和应用层。

（1）接入网　接入网包括终端设备和 5G 网络接入设备。终端设备指车的传感器网络、路和人的传感器网络，车的传感器网络提供关于车的状况信息和车外环境状况，可以用来增强安全性和作为安全驾驶的信息；路的传感器网络用于感知和传递路的状况信息；人的传感

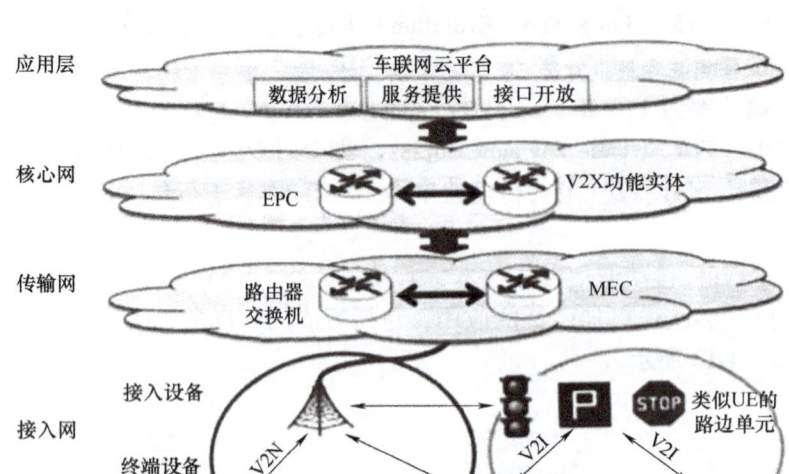

图 4-14 面向无人驾驶汽车的 5G 网络架构

器网络用来感知交通行人周围环境的状况。接入设备主要负责对终端设备感知信息的无线发送和接收、空口无线资源管理、接入网侧移动性管理和空口通信的安全等。

(2) 传输网　传输网为车与车 (V2V)、车与基础设施 (V2I)、车与网 (V2N)、车与人 (V2P) 等的信息传输提供传输通道,在功能和性能上保障实时性、可服务性。

(3) 核心网　核心网是提供自动驾驶业务的网络,包括移动管理实体 (ME)、归属用户服务器 (HSS) 和网关 (X-GW),以及 V2X (V2V 和 V2P 等) 控制功能。

(4) 应用层　自动驾驶云平台支持自动驾驶应用服务与大数据处理,用于分析计算路况、大规模车辆路径规划、智能交通调度等,实现对车辆数据的存储分发、维护、信息融合和中央决策、下发决策结果,负责应用服务器功能、单播与多播模式的选择,以及业务分发功能。

项目四 智能网联汽车通信系统

任务三　无线通信技术认知

知识点：无线通信技术的定义及分类。
能力点：掌握智能网联汽车短距离无线通信的主要技术及应用。

任务情境

小王在开车时打开手机蓝牙和车载音乐蓝牙，匹配成功后车载音响直接播放音乐。

相关知识

一、无线通信技术的定义

无线通信就是不用导线、电缆、光纤等有线介质，而是利用电磁波信号在自由空间中传播的特性进行信息交换的一种通信方式，可以传输数据、图像、音频和视频等，如图 4-15 所示。

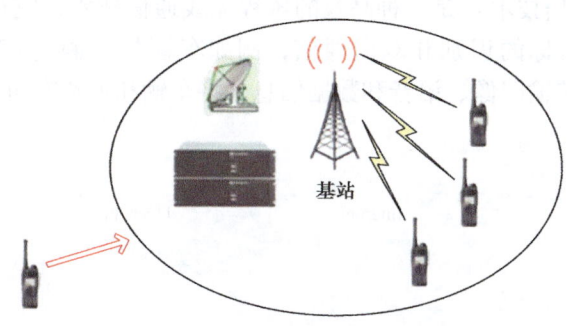

图 4-15　无线通信示意图

无线通信系统一般由发射设备、传输介质和接收设备组成；发射设备和接收设备上需要安装天线，完成电磁波的发射与接收，如图 4-16 所示。

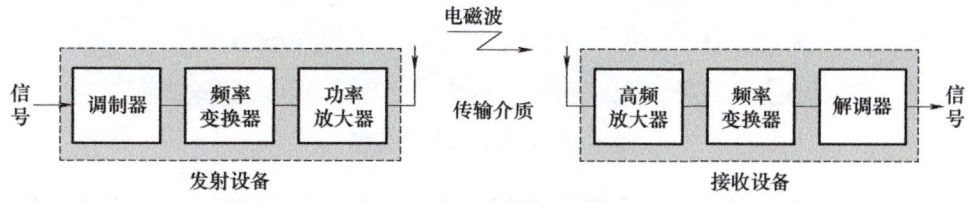

图 4-16　无线通信系统架构

79

二、无线通信技术的分类

按传输信号形式的不同可分为模拟无线通信和数字无线通信。
按无线终端状态的不同可分为固定无线通信和移动无线通信。
按电磁波波长的不同可分为长波、中波、短波、超短波、微波无线通信。
长波无线通信：波长大于1000m、频率低于300kHz，
中波无线通信：波长为100（不含100m）~1000m、频率为300~3000kHz，
短波无线通信：波长为10（不含10m）~100m、频率为3（不含3MHz）~30MHz。
超短波无线通信：波长为1~10m、频率为30（不含30MHz）~300MHz。
微波无线通信：波长小于1m、频率高于300MHz。
按信道路径和传输方式的不同可分为红外通信、可见光通信、微波中继通信和卫星通信。
按通信距离的不同可分为短距离无线通信和远距离无线通信。
短距离无线通信技术主要有蓝牙技术、紫峰（ZigBee）技术、WiFi技术、超宽带（UWB）技术、60GHz技术、红外（IrDA）技术、射频识别（RFID）技术、近场通信（NFC）技术、可见光（VLC）技术、专用短程通信（DSRC）、LTE-V等；常用的远距离无线通信系统包括移动通信系统、卫星通信系统等。

三、DSRC通信技术

1. DSRC通信组成

DSRC（专用短程通信技术）是一种高效的短程无线通信技术，它可以实现在特定小区域内对高速运动下的移动目标的识别和双向通信，例如车辆与车辆（V2V）、车辆与基础设施（V2I）双向通信，实时传输图像、语音和数据信息，将车辆和道路有机连接，如图4-17所示。

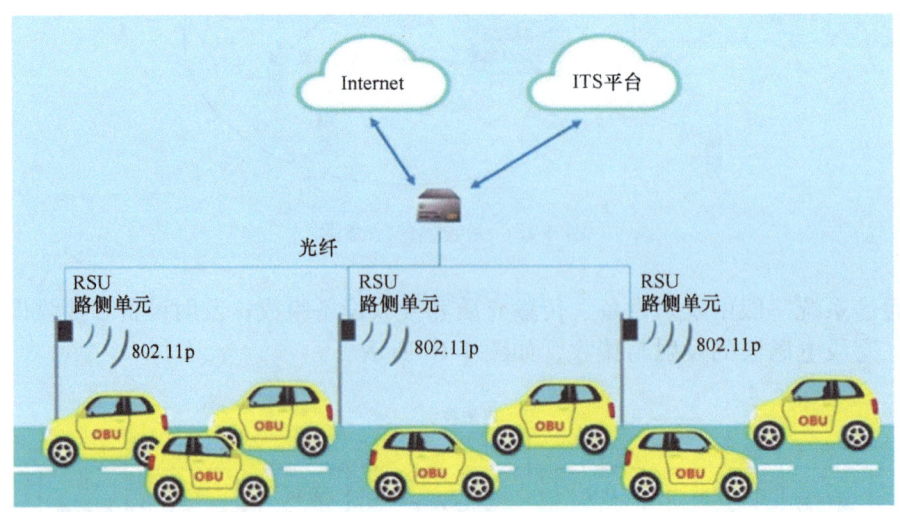

图4-17　DSRC通信示意图

DSRC通信系统的参考架构：车辆与车辆之间，以及车辆与路侧基础设施之间，通过DSRC进行信息交互，如图4-18所示。

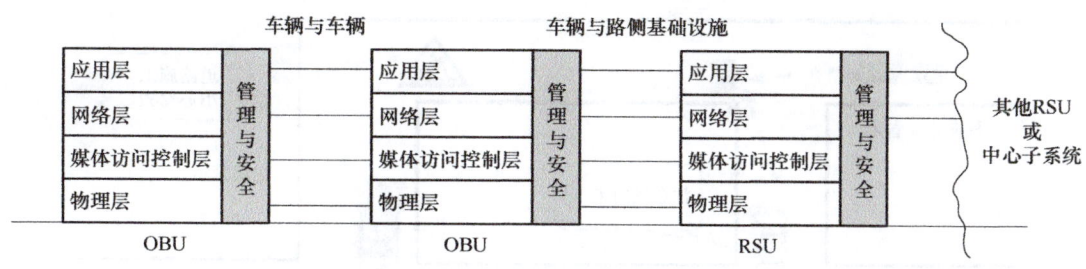

图 4-18　DSRC 通信系统的参考架构

DSRC 通信系统的组成：车载单元（OBU）、路侧单元（RSU）以及 DSRC 协议，如图 4-19 所示。

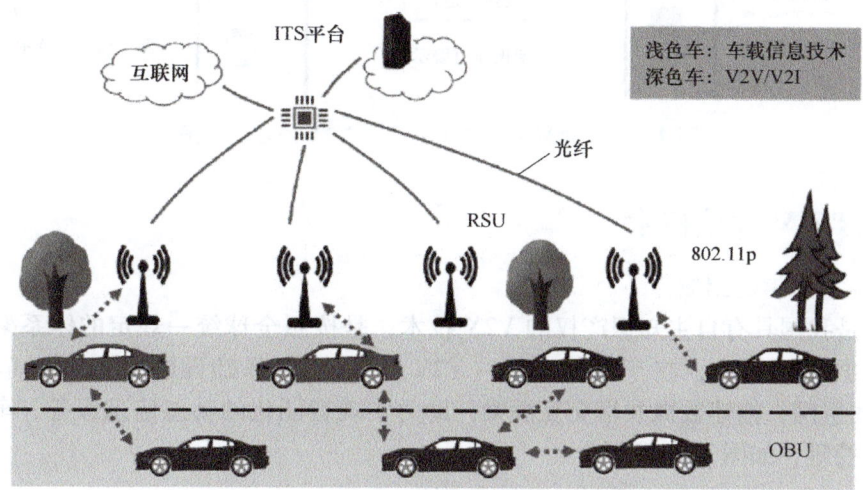

图 4-19　DSRC 通信系统的组成示意图

2. DSRC 应用

（1）汽车辅助驾驶　包括汽车辅助驾驶和道路基础设施状态警告。

（2）交通运输安全　包括紧急救援请求及响应、紧急事件通告、紧急车辆调度与优先通行、运输车辆及驾驶人的安全监控、超载超限管理、交通弱势群体保护等。

（3）交通管理　包括交通法规告知、交通执法、信号优先、交通灯最佳速度指引、停车场管理等。

（4）导航及交通信息服务　包括路线实时指引和导航，施工区、收费、停车场、换乘、交通事件信息，流量监控等。

（5）电子收费　包括以电子化的交易方式向用户收取相关费用，如道路、桥梁和隧道通行费、停车费等。

（6）运输管理　包括运政稽查、特种运输监测、车队管理、场站区管理等。

（7）其他　包括车辆软件/数据配置和更新、车辆和 RUS 的数据校准、协作感知信息更新及发送等。

在智能网联汽车上可实现 V2X 通信如图 4-20 所示。

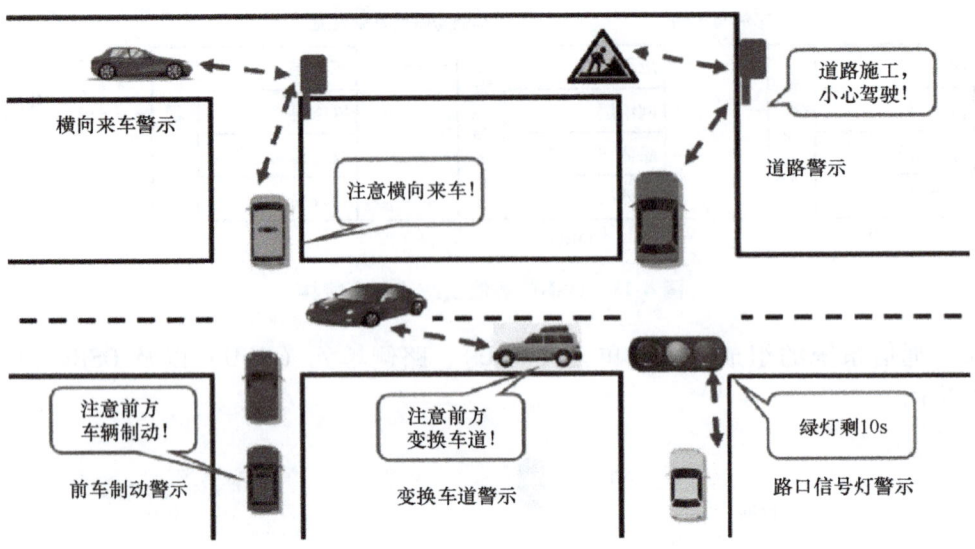

图 4-20　智能网联汽车上可实现 V2X 通信示意图

四、LTE-V 通信技术

1. LTE-V 通信的组成

LTE-V 是我国具有自主知识产权的 V2X 技术，是按照全球统一规定的体系架构及其通信协议和数据交互标准，在车辆与车辆（V2V）、车辆与基础设施（V2I）、车辆与行人（V2P）之间组网，构建数据共享交互桥梁，助力实现智能化的动态信息服务、车辆安全驾驶、交通管控等，如图 4-21 所示。

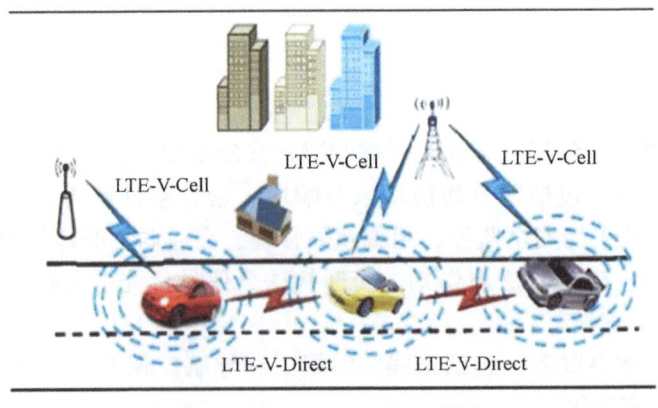

图 4-21　LTE-V 通信示意图

LTE-V 通信由用户终端、路侧单元（RSU）和基站 3 部分组成，如图 4-22 所示。

2. LTE-V 通信的应用

1）在 GPS 信号丢失或很弱的情况下，弥补 GPS 的信号。即便是全球所有的卫星定位系统都无法避免信号无法全面覆盖的缺陷，所以在智能网联汽车或者无人驾驶汽车上必备惯性导航系统。

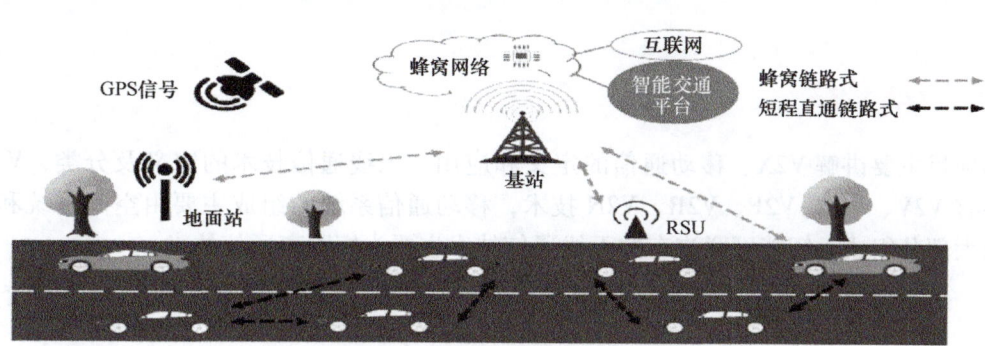

图 4-22　LTE-V 通信系统示意图

2）配合激光雷达，提供高精度定位，建立激光雷达云点的三维坐标系。当激光雷达实时扫描单次的点云数据后，结合单次的点云数据进行匹配，并进行特征提取。特征提取与实时提取的特征进行匹配，最终得到精确的车辆位置。

任务实施

V2X 的应用分析，实施步骤：
1）根据具体情况按区域搜集车载通信设备。
2）搜集智能网联汽车车载短距离无线通信设备有哪些。
3）搜集智能网联汽车车载长距离无线通信设备有哪些。
4）搜集各个国家和地区生产的智能网联汽车车载无线通信设备有哪些。
5）将搜集分类结果填入下面实训工单。

实训工单

实训项目		V2X 的应用分析	
姓名	班级		学号
实训地点	学时		日期
实训结果			
序号		V2V 的应用	
1			
		V2I 的应用	
2			
		V2P 的应用	
3			
		V2N 的应用	
4			
评价反馈			
指导教师		成绩	

归纳总结

本项目主要讲解 V2X、移动通信的定义和应用、无线通信技术的定义及分类，V2X 技术主要有 V2V、V2I、V2P、V2R、V2N 技术，移动通信系统的组成主要由空间系统和地面系统两大部分组成，智能网联汽车的无线通信技术主要为短距离通信技术。

思考与练习

一、填空题

1. 无线通信系统一般由（　　）、（　　）和（　　）组成。
2. 根据信道路径和传输方式的不同，无线通信可以分为（　　）、（　　）、（　　）和（　　）。
3. DSRC 通信和 LTE-V 通信主要应用于智能网联汽车的（　　）通信。
4. 惯性导航系统一般采用（　　）和（　　）来测量载体参数。

二、选择题

1. DSRC 通信要求车-车通信单程距离可达（　　）。
   A. 100m　　　　　　　　　　　　B. 200m
   C. 300m　　　　　　　　　　　　D. 400m
2. 盲区预警/变道辅助使用的通信类型是（　　）。
   A. V2V　　　　　　　　　　　　B. V2I
   C. V2P　　　　　　　　　　　　D. V2N
3. 前方拥堵提醒使用的通信类型是（　　）。
   A. V2V　　　　　　　　　　　　B. V2I
   C. V2P　　　　　　　　　　　　D. V2N

三、问答题

1. 什么是 V2V 通信？列举 5 个 V2V 的应用。
2. 什么是 V2I 通信？列举 5 个 V2I 的应用。
3. DSRC 通信主要支持哪些业务？
4. DSRC 通信和 LTE-V 通信有什么主要区别？

拓展提高

华为 5G 技术领先世界

5G 是第五代移动通信技术，从 2016 年开始研发，中国对 5G 的研发投入了大量的人力和物力，华为的 5G 技术已领先于世界，在 5G 通信的基站建设方面也是世界一流。

华为在 5G 方面的技术先进，5G 基站的质量也超高。华为 5G 的微波技术是全世界范围内应用最好的，这种技术特别适用于欧洲国家。

　　华为的 5G 技术主要分为三类，一是华为利用了电源叠加技术，增加电源模块解决了 5G 基站的电源问题；二是通过全刀片站点的方式解决了一些地方空间不足的基站，节省了很大的空间；三是增加组网以完成 5G 的建设换代，节约了巨大的成本。

　　华为 5G 建设技术使 5G 的建设成本降低，很多西方国家开始考虑或已经和华为展开了合作，华为通过过硬的第五代移动通信技术获得了很大的国际市场，未来将会获得更多国家的订单。

项目五
智能网联汽车先进驾驶辅助与安全预警系统

 课前导读

李德毅院士与智能车"驾驶脑"

跟车行驶、自主换道、邻道超车、自动辨识红绿灯……没有驾驶人操作，智能驾驶这种只在科幻电影中见过的"超前"技术，正悄然走进我们的生活。中国工程院院士、中国人工智能学会理事长李德毅率领的智能车联合课题组，给智能车安上"驾驶脑"，创造了智能驾驶领域的多个第一。

2015年8月29日，一辆10m长的宇通智能车iBUS出现在河南郑开大道贾鲁河站。这辆车顶设置激光雷达、车身安装摄像头的大客车，通过"驾驶脑"认知，在拖拉机、三轮车出没的郑开大道，智能化完成起步、加速、跟车行驶、自主换道、定点停靠等项目，途经两市一县，顺利到达测试终点——开封开远门。

这是世界上第一辆在正式道路上行驶的新能源智能大客车。全程无人工干预，无交通管制，由第三方机构测试完成。美国连线把这次试验与谷歌汽车并称，惊叹于中国智能驾驶技术的飞速发展。此次上路试运行的智能大客车，由李德毅团队与宇通客车联合研发。

2000年李德毅院士的团队率先在国内开展智能驾驶技术研究，2005年研制出第一代智能车试验平台，2012年在国内城际高速公路上成功实现了无人驾驶。随着多所大学和汽车厂家加入，课题组研究转向以市区道路为代表的半结构化道路环境下的智能车研发。

李德毅院士认为，决定车辆在无人驾驶条件下成功安全驾驶的核心是整车智能驾驶系统，由智能主控制器、智能感知系统、智能控制系统3部分组成，分别充当大客车的大脑、眼睛、耳朵以及四肢。智能车产业化过程中，传感器和"驾驶脑"的性能尤为关键。

项目五 智能网联汽车先进驾驶辅助与安全预警系统

学习目标

通过对本项目的学习，学生能够掌握先进驾驶辅助系统的概念与类型，对智能汽车的先进驾驶辅助系统有全面的了解。

能够：
- 掌握先进驾驶辅助系统的概念及组成。
- 掌握先进驾驶辅助系统在无人驾驶汽车中的主要应用。
- 掌握各安全预警系统的工作原理和结构组成。
- 掌握自动泊车、制动辅助系统的组成及工作原理。

项目引入

为提高智能驾驶汽车行驶安全，智能驾驶汽车装配有先进驾驶辅助系统来确保行车的安全，降低道路交通事故的发生率。随着电子技术和互联网的发展，越来越多的电子系统应用于智能驾驶汽车上，主要有车道偏离预警系统、防碰撞预警系统、疲劳驾驶预警系统、视野盲区检测系统、车道保持辅助系统、自动泊车辅助系统、自动辅助系统等。对于智能驾驶汽车驾驶辅助系统的具体组成及作用，通过本单元的学习会有深入了解。

任务一　先进驾驶辅助系统认知

知识点：ADAS 的概念、ADAS 的结构及工作原理。
能力点：掌握 ADAS 及其关键元器件的工作原理及结构。

任务情境

先进驾驶辅助系统能够更好地实现自动驾驶、自动转向、自主停车、倒车影像、防碰撞报警、车道保持等，这一系列的动作实现完全依靠 ADAS。

相关知识

一、先进驾驶辅助系统

1. ADAS 的概念及组成

先进驾驶辅助系统（ADAS）主要应用在汽车内的各种传感器上，它在第一时间收集车内外的环境数据，并检测识别汽车外部的静态和动态物体。更快捷的主动安全技术信息处理，使驾驶人能够在尽可能短的时间内发现可能发生的危险，以引起注意并提高安全意识。ADAS 包含了许多不同的辅助驾驶技术，如自适应巡航（ACC）、自动紧急制动（AEB）、交通标志识别（TSR/TSI）、盲区监测（BSD/BLIS）、变道辅助（LCA/LCMA）、车道偏离预警（LDW）等，如图 5-1 所示。

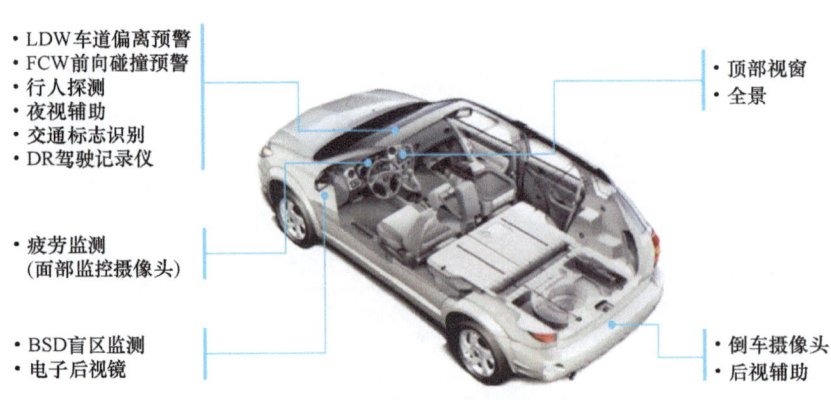

图 5-1　车辆中的 ADAS

2. ADAS 的工作原理

ADAS 的工作原理是基于不同的传感器技术。77GHz 雷达传感器可以测量前方车辆的速度和两辆车之间的间隔，同时监测车辆的速度和间隔。该传感器发射激光脉冲，并能检测从其他物体反射回的光束，与其他物体的间隔可以通过信号延迟的时间来计算。

在实际的车辆传感器应用中，通常一个传感器只能实现一个功能，协作功能允许系统通过软件轻松实现。如果将复合传感器应用到汽车上，这些传感器提供的数据可以融合在一起。在防碰撞系统中，检测可靠性的提高使得系统干预和预警更容易、有效，ADAS 实际上是将车辆视为一个完整的系统，该系统由各种相互作用的部件组成，如图 5-2 所示。

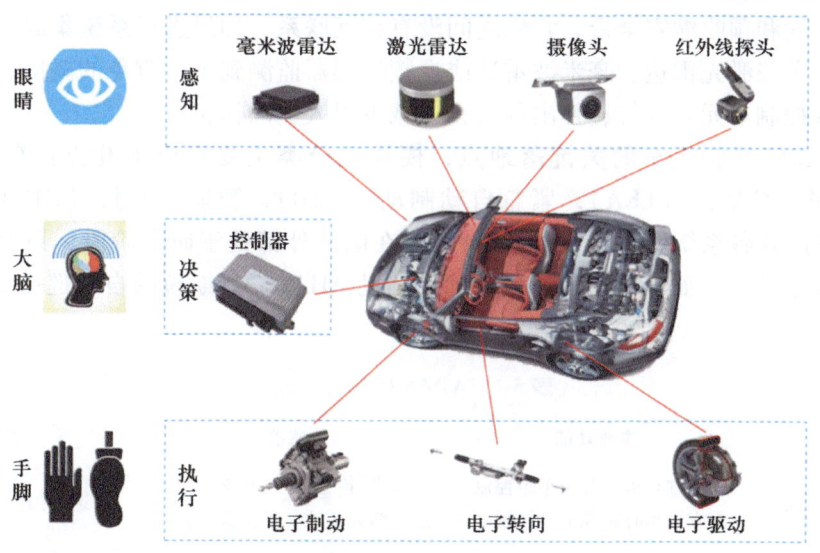

图 5-2　ADAS 的组成

每个系统主要由三个程序组成：

1）信息收集（感知）。不同的系统需要毫米波雷达、超声波雷达、红外雷达、激光雷达、图像传感器和车轮速度传感器等不同类型的车辆传感器收集车辆的工作状态及其参数变化的信息，并将感知信号变成电压、电阻和电流等参数。

2）行车控制单元（决策）。该程序对传感器采集的信息进行分析处理，然后将控制信号输出到被控制装置。

3）执行。根据 ECU 输出的信号启动执行装置，让汽车完成规定的操作。

ADAS 有两条技术路线（图 5-3）：

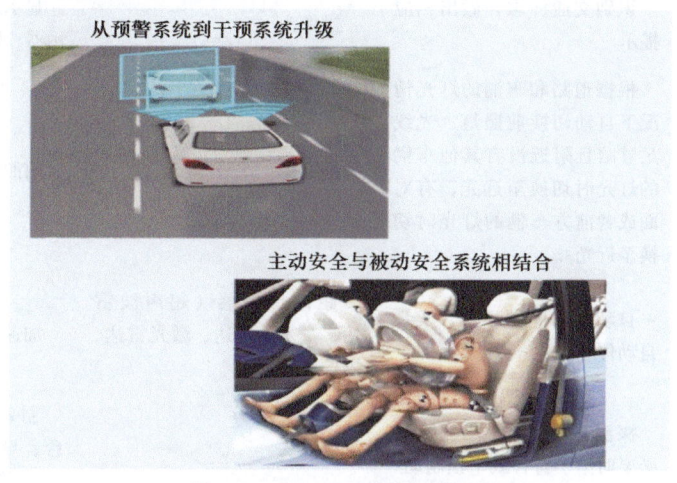

图 5-3　ADAS 两条技术路线

1）从预警系统到干预系统升级。ADAS 目前的主要职责是在紧急情况下提醒驾驶人，如盲区监测系统。在未来，该系统将发展成为一个干预系统，在有限的条件下控制汽车。例如，摄像系统将从车道偏离警告系统发展到车道控制系统。

2）主动安全与被动安全系统相结合。目前，碰撞中的被动安全系统独立于主动安全系统，如安全气囊和预收缩安全带。它们之间没有相互联系，如果进行系统集成后将会实现协作功能，例如车载激光雷达、毫米波雷达或视频传感器监测到不可避免的碰撞时可以提前给出信号到气囊控制单元做好气囊弹出预备，以减少对人员的伤害。

ADAS 是智能驾驶汽车的关键落地点，模块化分类主要有以下几点：车道偏离预警（LDW），车道保持辅助（LKA），紧急自动制动（AEB），智能远光灯（IHC），自动泊车（AP）等，它所含各系统见表5-1。目前 ADAS 在国内外都处于研究阶段，只有一些高端车有了部分的技术储备，如丰田的公路自动驾驶辅助 AHAC，特斯拉的自动巡航 Autopilot，通用的 Super Cruise。

表 5-1 ADAS 所含各系统

ADAS	主要功能	传感器	执行
自适应巡航（ACC）	前方有车时首先车距控制，前方无车时实现车速控制	车距传感器（毫米波雷达、激光雷达、摄像头等）	加速、档位、制动
车道偏离预警（LDW）	在驾驶人无意识偏出车道时发出预警	车道线传感器（摄像头、立体相机、红外线、激光雷达等）	显示系统（中控台、导航显示器、抬头显示器 HUD 等）
车道保持辅助（LKA）	在车辆非受控偏离车道时主动干预转向，实现车道保持	车道线传感器（摄像头、立体相机、红外线、激光雷达等）	转向
前撞预警（FCW）	在前车车距过小时发出预警	车距传感器（毫米波雷达、激光雷达、摄像头等）	显示系统（中控台、导航显示器、抬头显示器 HUD 等）
自动紧急制动（AEB）	在前车车距过小时主动干预制动	车距传感器（毫米波雷达、激光雷达、摄像头等）	制动
交通标志识别（TSR）	识别交通标志并做出相应提示	摄像头	显示系统（中控台、导航显示器、抬头显示器 HUD 等）
智能远光控制（IHC）	根据道路和车辆的灯光情况下自动切换前照灯，光线足够暗且附近没有其他车辆的灯光时切换至远光，有对面或者前方车辆的灯光时切换至近光	摄像头	前照灯
自动停车（AP）	自动探测周围环境，实现自动停车入位	距离传感器（超声波雷达、毫米波雷达、激光雷达、摄像头等）	加速、制动、转向
行人探测系统（PDS）	探测车辆前方行人状况，必要时给予警告或干预制动	摄像头	制动、显示系统（中控台、导航显示器、抬头显示 HUD 等）

(续)

ADAS	主要功能	传感器	执行
盲区监测（BSD）	监视驾驶人侧方和后方盲区，在必要时给予警告	距离传感器（超声波雷达、毫米波雷达、激光雷达、摄像头等）	显示系统（中控台、导航显示器、抬头显示 HUD 等）
夜视系统（NVS）	利用主动或者被动的红外线成像，为驾驶人提供弱光线环境下的视觉辅助	红外线传感器	显示系统（中控台、导航显示器、抬头显示 HUD 等）
驾驶人疲劳监测（DSM）	通过驾驶行为或驾驶人脸部和眼睛的特征评估，判断驾驶人疲劳度，在必要时给予警告	红外线传感器、摄像头	显示系统（中控台、导航显示器、抬头显示 HUD 等）
全景泊车系统（SVC）	利用多个摄像头拼接全景图像，为驾驶人泊车提供视觉辅助	摄像头	显示系统（中控台、导航显示器、抬头显示 HUD 等）

3. ADAS 的关键元器件

（1）预警系统　车辆识别是一个先决条件，可以使用的传感器包括单目摄像头、立体摄像头、毫米波雷达和多传感器融合。车辆检测一般以车辆形状、车辆高度、车辆宽度比等车辆特征信息作为检测车辆边缘的约束条件，对图像进行边缘增强处理，得到包括车辆信息在内的一些水平和垂直边缘的约束条件。单目摄像头算法简单，实时计算能力强，但单目摄像头容易受到外界光照、阴影环境等因素影响，降低可靠性。立体摄像头可以直接模拟人类视觉处理场景的方式，通过多视角观察同一场景，获得不同视角的感知图像，具体的车辆识别与道路识别应用如图 5-4 所示。

图 5-4　车辆识别与道路识别应用

1）后视摄像头，如图 5-5 所示。

后视摄像头有助于驾驶人找到车后的物体或人，从而确保安全的倒车、停车动作。在先进的系统中配置了 100 万像素的高动态范围摄像头，通过非屏蔽双绞线实现高速以太网连接和视频压缩。智能后视摄像头在本地分析视频内容，以便进行物体和行人检测，并支持全面的本地图像处理和图形覆盖创建,测量物体距离并触发制动干预。

2)前视摄像头。前视摄像头如图5-6所示。高级驾驶辅助系统中的摄像头系统可以分析视频内容,以提供车道偏离预警(LDW)、自动车道保持辅助(LKA)、远光/近光控制和交通标志识别(TSR)。在前视黑白相机中,图像传感器通过DSP扩展为双核微程序处理器提供输入视频帧进行图像处理,其他系统要求包括提供适当的物理通信接口、电源、可选DRAM和嵌入式闪存,以降低系统成本。

图5-5 后视摄像头

图5-6 前视摄像头

3)传感器。先进的驾驶辅助系统基于不同的传感器技术。距离探测传感器如图5-7所示。中长距77GHz雷达传感器已在高端豪华车的自适应巡航控制(ACC)系统上使用多年。系统的传感器用于测量前方车辆的速度和两辆车之间的距离,同时监测车辆的速度和间距。中短距雷达传感器的工作频率为24GHz,用于监测车辆周围的物体。

此类传感器通常安装在车辆侧面,用于盲区监测(BSD)和车道并线辅助(LCA),例如当物体出现在盲点或相邻车道车辆进入盲点时,会向驾驶人发出警报,随后可以将其信息与导航系统结合起来,更好地实现车辆导航,防止车辆碰撞。此外,不同传感器所感知到的环境数据可以相互融合,以增加系统功能或增强现有功能,例如,毫米波雷达、摄像头、激光雷达与导航数据的集成对于提高车辆性能至关重要。

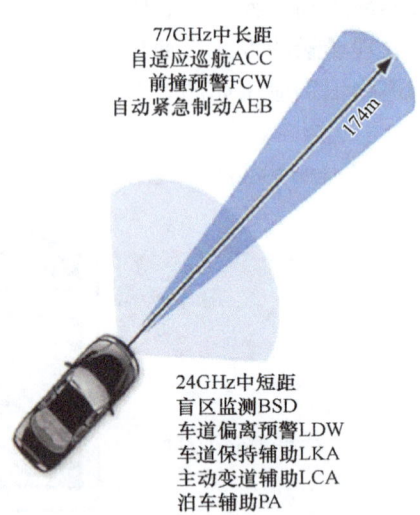

图5-7 距离探测传感器

4)环视泊车辅助系统。多摄像头环视泊车辅助系统用以捕获车辆周围的图像,并以虚拟俯视图显示在屏幕上,根据行驶轨迹动态移动视角,从而在车辆周围提供360°的图像。系统通常使用LVDS或快速以太网来部署4~5个高动态100万像素摄像头,可以使用视频压缩减少通信带宽和降低布线要求,东风日产环视摄像头如图5-8所示。

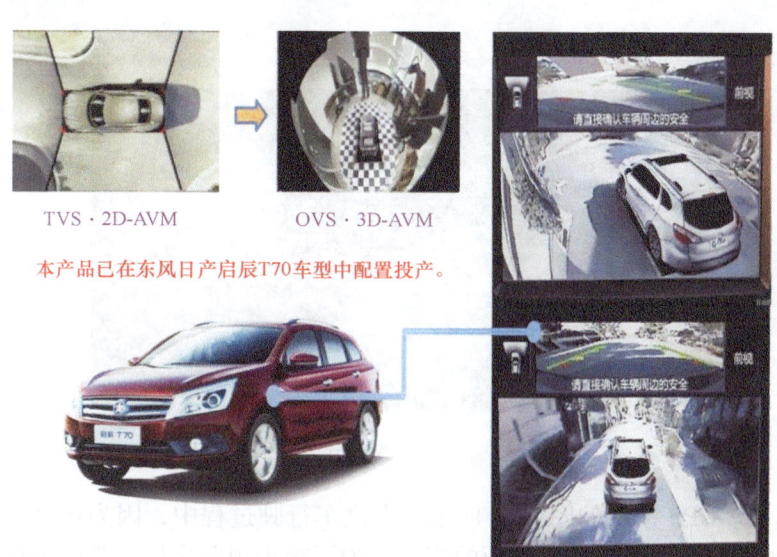

图 5-8　东风日产环视摄像头

5）前车防撞报警系统（FCWS）。FCWS 是一种先进的安全辅助系统，通过在驾驶过程中感知、计算车辆与前一辆车之间的距离来确定潜在的碰撞风险，并立即发出警告。当驾驶人分心、疲劳或使用手机时，FCWS 具有非常重要的实用性，如图 5-9 所示。

6）交通信号识别（TLR）系统。TLR 系统能够识别交通信号灯并告知驾驶人前方信号灯的状态，此外，TLR 系统还可以与车辆巡航系统或图像存储系统结合使用，以帮助驾驶人更有效地驾驶，如图 5-10 所示。

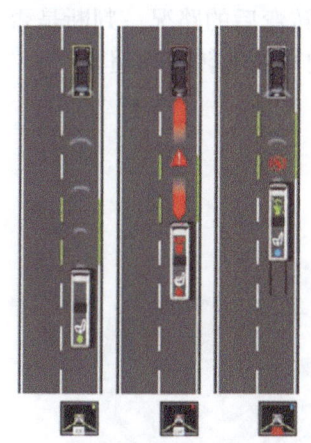

图 5-9　前车防撞报警系统（FCWS）

图 5-10　交通信号识别（TLR）系统

（2）驾驶辅助系统　车辆中的驾驶辅助系统如图 5-11 所示。驾驶辅助系统主要由 GPS 和 CCD 摄像头检测模块、通信模块和控制模块组成。其中，GPS 和 CCD 摄像头检测模块通过 GPS 接收机接收 GPS 卫星信号，获取车辆的经纬度坐标、速度、时间等信息，并利用安装在车辆前后的 CCD 摄像头实时观察道路两侧的情况。通信模块可以在相互靠近的车辆之间实时传输检测到的相关信息和驾驶信息。控制模块可以在即将发生事故时主动控制，从而避免发生事故。

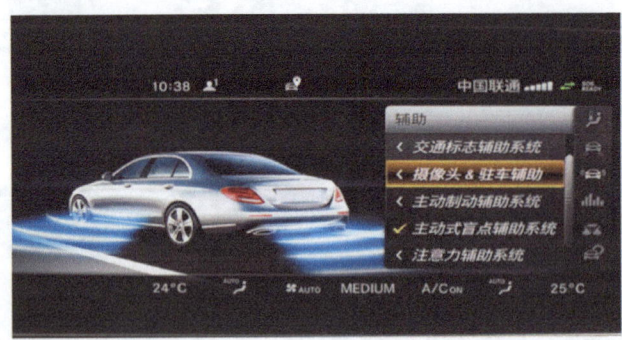

图 5-11　车辆中的驾驶辅助系统

1）GPS 模块。GPS 模块如图 5-12 所示。在汽车行驶过程中，因为在汽车前车窗有一个盲点，驾驶人在转弯时会产生一个视距的盲区。为了减少视距盲区，驾驶辅助系统利用 GPS 和 CCD 摄像头检测模块获取车辆的驾驶数据，包括车辆的位置和速度、两辆车的接近速度等。为了反映车间的距离信息，将地理信息系统（GIS）中的道路信息集成到 GPS 定位数据系统中，形成一个融合的 GPS 信息系统。在地理信息系统中，为了真实地反映地理实体，记录的数据不仅包含实体的位置、形状、大小和属性，而且还记录了实体之间的相互关系，使组合能够很好地满足系统的需要。

因此，GPS 卫星传输的位置信息不仅包括车辆的经纬度，还包括地理海拔和车辆之间的位置关系，以便更准确地显示车辆的地理位置。

2）CCD 摄像头模块。安装在汽车前部和后部的 CCD 摄像头（图 5-13）是"盲区探测器"，用于实时观察道路两侧的情况。其中，前 CCD 可以检测转弯后的路况，判断是否有车辆接近。后 CCD 可以看到后车的行驶情况，判断车辆是否影响车辆的转弯和超车。

图 5-12　GPS 模块

图 5-13　CCD 摄像头

GPS 和 CCD 摄像头用于判断危险的发生，并根据危险进行判断。首先，判断本车辆是否接近前方车辆，将最危险的接近车辆作为通信目标。其次，通过无线网络通信，获取车辆和目标车辆的行驶信息，包括速度、位置、制动力矩等。根据这些信息，判断目标车辆的行驶状况是否正常。当监测到的信息显示目标车辆运行不正常时，两车间相互传递制动力矩等重要信息，并根据具体情况通过 CCD 摄像头实时获取两车间的距离信息。在特定情况下，两辆车的单片机控制器将采取主动或自动制动，以避免两辆车之间的碰撞，驾驶人也可以通过车内的监控屏幕看到这一信息。即使在驾驶过程中出现不同的危险情况，驾驶辅助系统也能够根据 GPS 和 CCD 摄像头获取的信息，对不同的驾驶情况进行准确的操控。

3）通信模块。移动 adhoc 网（移动自组织网络）是由车载无线终端交互形成的，无须额外的有线和无线网络支持。其中，每辆车都是移动自组织网络中的一个移动节点，可以自由进出网络。移动自组织网络中没有网络基础设施，如蜂窝网中的基站，所有移动节点均以分布式方式运行，并具有路由功能，移动节点本身可以使用某些协议发现和维护其他节点的路由。除了适用于此驾驶辅助系统的数据传输之外，网络可以随时建立，无须其他通信设施即可使用，大大节省了运营成本。移动自组织网络不受固定拓扑的限制，具有很高的容错性和鲁棒性，在某些极端情况下，即使检测到的车辆发生故障，网络仍能正常运行，如图 5-14 所示。

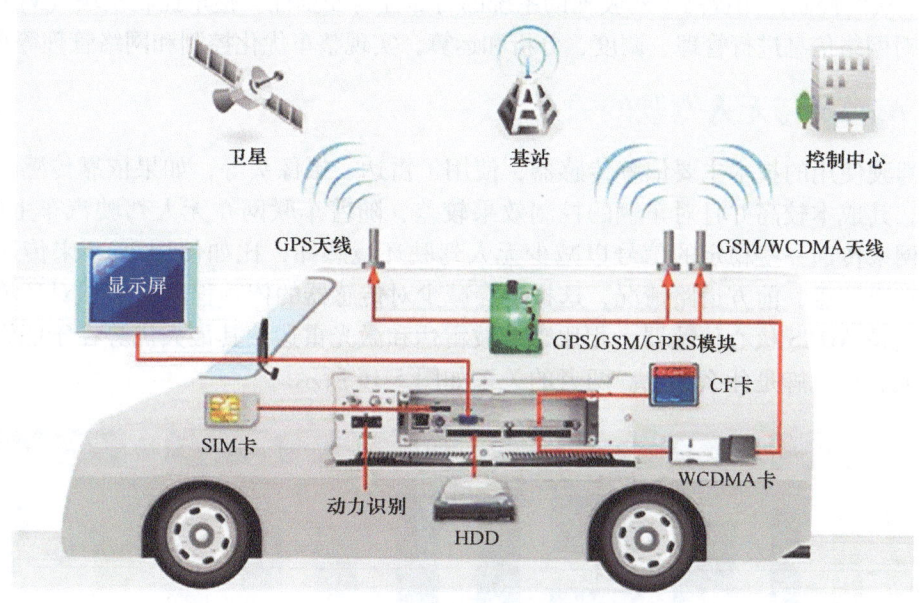

图 5-14　通信模块

驾驶辅助系统依靠车辆之间的状态信息进行相互通信和监控驾驶状态，从而保护驾驶安全，包括调整驾驶状态和避免恶性碰撞。目前，现有的系统可以向驾驶人发出危险情况的警告，但不能自行制订预防措施，系统弥补了这一缺陷。使用即时网络传输的信息主要有两种：

① GPS 和 CCD 摄像头获取的状态信息的定时传输，以及车内的一些传感器，如车辆位置、行驶速度、制动力矩等的状态信息每秒传输 5~50 次。

② 危险情况警告信息。与定期发送的信息不同，这些警告信息可能来自通信范围内的通信车辆，节点距离较远，因此需要多跳传输，只有在发生危险情况时才会发送此信息。

4）控制模块。车辆控制模块如图 5-15 所示，它是车辆控制的核心，控制模块根据输入信号判断车辆的当前状态，经过一定的控制逻辑和控制算法，确定各子系统当前控制信号的大小。例如，在传统的燃油汽车中，发动机根据控制单元发出的发动机节气门信号和当前发动机转速确定所需的燃油供给量和喷油正时，使电喷发动机通过有效地组织燃烧向转矩偶合器输出转矩。

图 5-15 车辆控制模块

这些模块的控制作用提高了驾驶辅助系统的可靠性与安全性。整车控制模块（VCU）通过 CAN 总线对网络信息进行管理、调度、分析和运算，实现整车优化控制和网络管理等功能。

二、ADAS 与无人驾驶的关系

无人驾驶使用的技术主要依赖传感器，使用了雷达、摄像头等，如果依靠传感器来实现无人驾驶，其成本较高并且对车辆的控制效果较差，随着车联网在无人驾驶汽车上的应用，使用车联网来传递一些稳定的信号以减少无人驾驶环境感知，比如使用 V2X 来传递交通灯的信号、车道信息、前方道路情况，这样将会减少对传感器的依赖程度，增强对环境的适应性。摄像头是 ADAS 核心传感器，相比毫米波雷达和激光雷达，其最大优势在于能识别物体是车还是人、标志牌是什么颜色。两者的关系如图 5-16 所示。

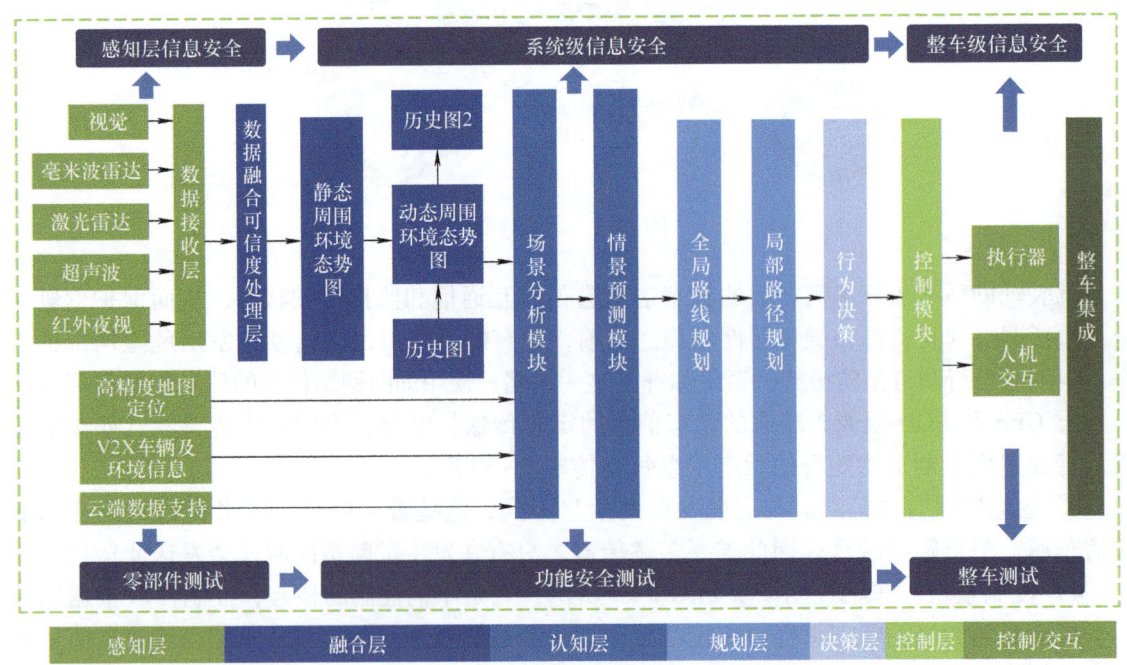

图 5-16 无人驾驶与 ADAS 关系

项目五　智能网联汽车先进驾驶辅助与安全预警系统

任务二　ADAS 在智能网联汽车中的应用

知识点：先进驾驶辅助系统各组成的工作原理。
能力点：掌握各先进驾驶辅助系统的组成；掌握各先进驾驶辅助系统的工作原理。

任务情境

智能汽车先进驾驶辅助系统是依靠环境感知技术对周围环境信息、驾驶人状态、汽车行驶状态等的动态数据进行采集并进行分析处理，通过提醒驾驶人或干预汽车行驶，实现智能汽车行驶的安全性。

相关知识

一、车道保持辅助系统（LKA）

车道保持辅助系统是在车道预警系统上发展起来的能够检测汽车行驶时的横向偏移，并对制动和转向进行调节的主动控制系统。它可保证车辆在预定道路行驶，从而减轻驾驶人负担，减少交通事故发生，如图 5-17 所示。

图 5-17　车道保持辅助系统

1. 车道保持辅助系统的组成

车道保持辅助系统主要由信息收集单元、电子控制单元、执行机构组成，如图 5-18 所示。

图 5-18　车道保持辅助系统的组成

（1）信息收集单元　它主要是收集车道信息和车辆行驶信息并发送给电子控制系统。

（2）电子控制单元　它主要是通过算法程序对收集的数据信息进行处理，并做出相应判断。

（3）执行机构　执行机构主要分为报警模块、转向模块和制动模块三个部分，主要接收电子控制单元发出的操作指令。

2. 车道保持辅助系统的工作原理及应用

（1）车道保持的工作原理　车道保持辅助系统在车辆行驶的全程，实时保持汽车的行驶轨迹。其工作原理如下：打开系统开关，信息收集单元通过车载传感器收集车速信号、转向角度信号并发送给电子控制系统对信息进行处理，比较车道线和车辆的行驶方向，判断车辆是否偏离车道。当车辆在行驶过程中即将偏离车道时，系统会发出报警提醒驾驶人。当车辆已有车轮偏离车道线，这时电子控制系统介入工作，电子控制系统计算出辅助操纵力和速度，根据车辆偏离的程度控制转向盘和制动系统操纵机构，施加相应的力矩，使车辆稳定回归正常轨道；如果驾驶人打开转向灯转向，则系统不介入工作。

车道保持辅助系统调节过程如图 5-19 所示，从第二个车影开始已经偏离车道，第三和第四个车影是系统主动进行车道偏离的纠正过程，第五个车影时，车辆已重新回归行驶车道，系统完成车道保持。

（2）车道保持辅助系统的应用　车道保持辅助系统大大提高了行车的安全性，防止行车过程造成车道偏离。目前日系车中的车道保持辅助系统配置率较高，如日产、本田等。

如图 5-20 所示，本田的车道保持辅助系统主要通过摄像机识别车道两侧的边沿线，保持车辆在车道行驶。

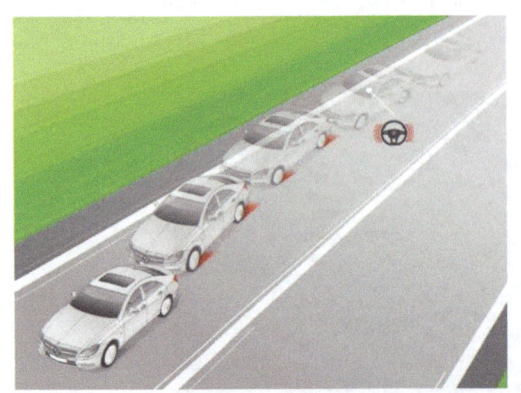

图 5-19　车道保持辅助系统的调节过程

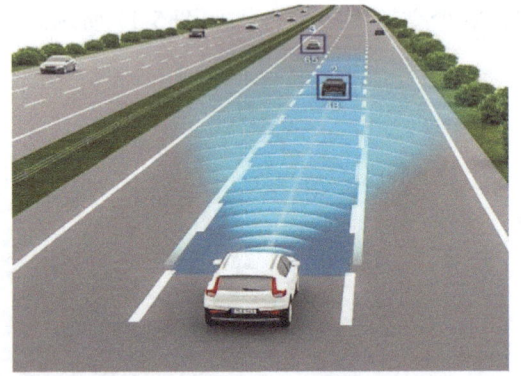

图 5-20　本田车道保持辅助系统

大众某车型同样也配置有车道保持辅助系统，如图 5-21 所示。通过前风窗玻璃的摄像头拍摄前方道路上的车道线。若车辆偏移过大，则系统会干预并纠正。大众的车道保持辅助系统如果遇到较大的弯道，车辆会自动沿着弯道行驶。

东风悦达车道保持辅助系统在前风窗玻璃内侧的上方，安装一个摄像头，如图 5-22 所示。摄像头能看清车道线，形成清晰的图像。在计算机的帮助下，通过一定算法判断出车辆是否在规定车道内，如图 5-23 所示。

如果车辆行驶偏离（左右偏离）自己的车道，且没有打开转向灯，系统首先会发出警示音提示，如驾驶人没有回应，车道保持辅助系统将通过 EPS 在转向盘上施加力矩，以帮

图 5-21　大众车道保持辅助系统

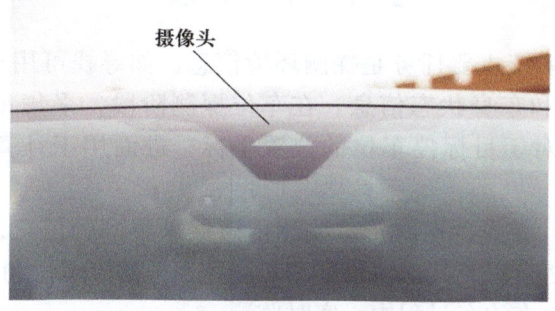

图 5-22　车道保持辅助系统摄像头

助车辆回到正确的车道上来。在这个过程中，如果驾驶人打开转向灯或者大角度转动转向盘，则系统默认车辆由驾驶人接管而停止干预。

二、自动泊车系统

1. 自动泊车系统的作用

自动泊车系统（Automated Parking System，APS）又称为自动泊车入位，顾名思义就是汽车不用人工干预，通过车载传感器（泊车雷达）和车载处理器，来实现自动识别可用车位，并自动正确地完成停车入位动作的系统，如图 5-24 所示。

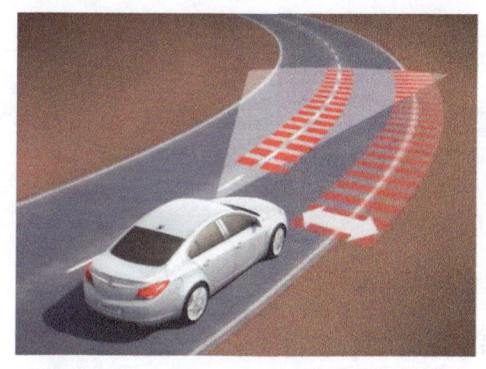

图 5-23　东风悦达车道保持辅助系统

图 5-24　自动泊车系统

2. 自动泊车系统的组成

自动泊车系统主要由感知单元、中央控制系统、转向执行机构和人机交互系统组成，如图 5-25 所示。

图 5-25　自动泊车系统

（1）感知系统　该系统主要任务是探测环境信息，如寻找可用车位，在泊车过程中实时探测车辆的位置信息和车身状态信息。在车位探测阶段，采集车位的长度和宽度。在泊车阶段，监测汽车相对于目标停车位的位置坐标，进而用于计算车身的角度和转角等信息。

（2）中央控制系统　首先，接收车位监测传感器采集到的信息，计算车位的有效长度和宽度，判断该车位是否可用；其次，规划泊车路径，根据停车位和汽车的相对位置，计算出最优泊车路径；最后，在泊车过程中，实时监测。

（3）转向执行机构　它主要包括电动助力转向系统和汽车发动机电控系统。根据中央控制系统的决策信息，电动助力转向系统将数字控制量转化为转向盘的角度，控制汽车的转向。汽车发动机电控系统控制汽车节气门开度等，从而控制汽车泊车速度。电动助力转向系统与汽车发动机电控系统协调配合，控制汽车按照指定命令完成泊车过程。

（4）人机交互系统　在泊车过程中将重要的信息图像展现给驾驶人。

3. 自动泊车系统工作原理及应用

（1）自动泊车系统工作原理　泊车时检测传感器扫描车辆周围环境，搜索有效泊车位，当传感器搜索到目标车位后，系统会提醒驾驶人并进入泊车程序，系统根据车位大小、车身位置信息计算出泊车路径，之后操纵车辆进入车位。其工作原理如图 5-26 所示。

图 5-26　自动泊车系统工作原理

1）激活系统。开启自动泊车系统，或者车辆根据车速自动启动自动泊车系统。

2）停车位检测。通过雷达或者激光雷达传感器识别出目标车位。

3）路径规划。中央控制系统根据传感器传递的车位信息和车辆自身位置信息，计算出最佳的驶入车位路径。

4）路径跟踪。通过转角、节气门和制动的协调控制，使车辆跟踪预先规划的泊车路径，实现轻松驶入车位。

（2）自动泊车系统的应用　如图 5-27 所示，沃尔沃研发的全自动泊车系统与自动驾驶技术、网络技术及无线通信技术相融合，结合自身研发的自动泊车 APP，驾驶人只需轻轻一点，车辆便自动寻找泊车位，当完成泊车后手机会接到泊车完毕的信息。

图 5-27　沃尔沃全自动泊车技术

如图 5-28 所示，奥迪全自动泊车技术是通过手机应用程序"一键停车"来实现的，可实现全自动垂直和侧方位停车，奥迪全自动泊车技术依靠激光扫描设备完成。

图 5-28　奥迪垂直和侧方全自动泊车技术

如图 5-29 所示，雪佛兰配备了自动泊车系统，同样可实现侧方和垂直停车。泊车时，驾驶人仅需要控制制动踏板、加速踏板及变速杆，其转向盘转动由电子控制单元来完成。

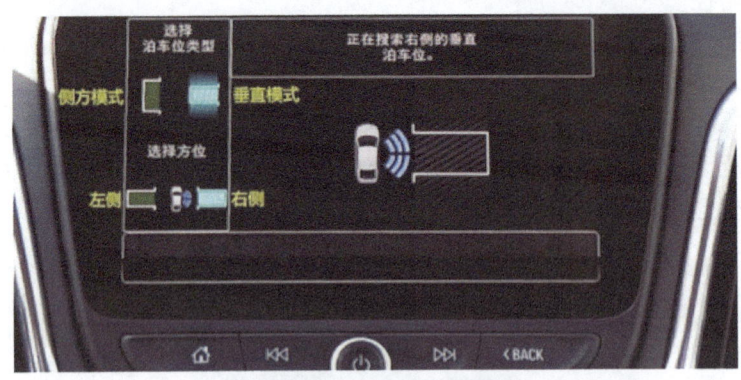

图 5-29　雪佛兰自动泊车技术

三、自动制动辅助系统

1. 自动制动辅助系统

车辆自动制动辅助（AEB）系统可以预防车辆在行驶过程中潜在的危险并及时通知驾驶人，在必要时系统会自动控制制动踏板使车辆制动，如图 5-30 所示。

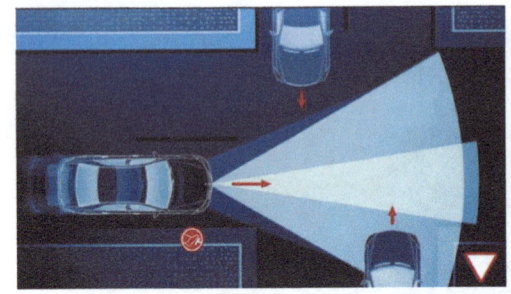 

图 5-30　自动制动辅助系统

车辆自动制动辅助系统与预碰撞安全系统相似，只不过不同厂家生产叫法不一，如在大众、沃尔沃、奔驰等车辆上面叫预碰撞安全系统。

2. 自动制动辅助系统的组成

自动制动辅助系统主要由行车环境信息采集单元、电子控制系统和执行单元组成，如图 5-31 所示。

（1）行车环境信息采集单元　行车环境信息采集单元由测距传感器、车速传感器、节气门位置传感器、制动传感器、转向传感器、路面选择按钮等组成，对行车环境进行实时检测，得到相关行车信息。

（2）电子控制单元　电子控制单元接收行车环境信息采集单元的检测信号后，综合收集到的数据信息，依照一定的算法程序对车辆行驶状况进行分析计算，判断车辆所适用的预警状态模型，同时对执行单元发出控制指令。

（3）执行单元　执行单元可以由多个模块组成，如声光报警模块、LED 显示模块、自动减速模块和自动制动模块等，根据系统不同而不同。它用来接收电子控制单元发出的指

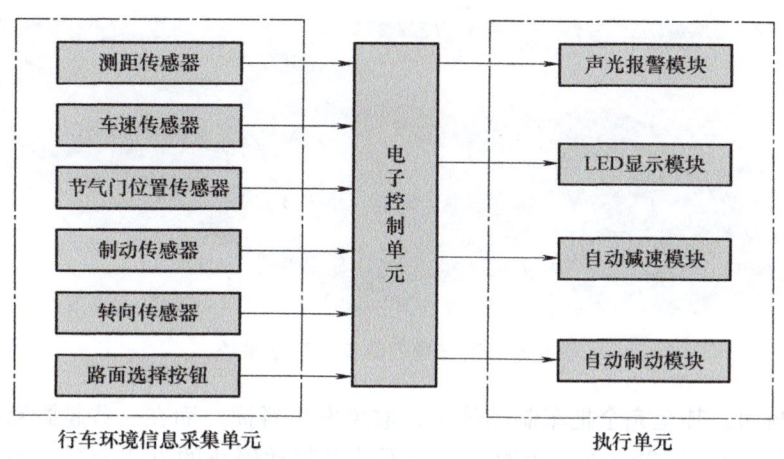

图 5-31　自动制动辅助系统组成

令，并执行相应的动作，达到预期的预警效果，实现相应的车辆制动功能。当系统检测到存在危险状况时，首先进行声光报警，提醒驾驶人；当系统发出提醒报警之后，如果驾驶人没有松开加速踏板，则系统会发出自动减速控制指令；在减速之后，系统检测到危险仍然存在，说明目前车辆行驶处于极度危险的状况，需要对车辆实施自动强制制动。

3. 自动制动辅助系统的工作原理

自动制动是汽车的主动安全辅助装置，该系统使用毫米波雷达测量前车或障碍物的距离，然后将测量的距离与报警距离和安全距离进行比较。当小于报警距离时，系统会报警提示。当小于安全距离时，即使驾驶人没有来得及踩下制动踏板，AEB 系统也会开始自动制动车辆，从而确保安全驾驶。AEB 系统往往也被认为包含了前方防撞预警功能，如图 5-32 所示。

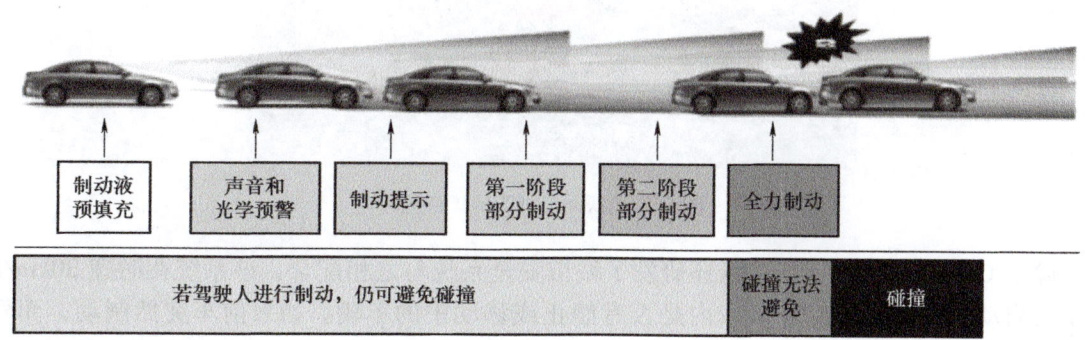

图 5-32　自动制动辅助系统工作过程

4. 自动制动辅助系统应用

斯巴鲁 Eye Sight 系统主要通过前风窗玻璃的两个立体摄像头，模拟人类的立体视觉，来判断车辆前方的路口，探测范围为 79m，可以识别汽车、行人、摩托车，如图 5-33 所示。

斯巴鲁 Eye Sight 系统在前后车速不同的情况下采取不一样的措施。当车速差低于 30km/h 时，系统能识别车辆、行人的路径，如检测到危险时，驾驶人没有及时制动，系统

图 5-33　斯巴鲁自动制动辅助系统

可以自动协助制动,甚至完全把车制动停止,避免发生碰撞。而在一些越野路段,也可以将系统关闭。而在车速差 30km/h 以上时,系统不是以制动停止的方式而是适当减速,以最大限度地降低碰撞速度。

沃尔沃 CWAB 系统以摄像头、雷达同时探测,雷达负责探测车辆前方 150m 内的范围,摄影镜头则负责前方 5m 内的车辆动态,如图 5-34 所示。当与前车距离过近或路中间有行人时,会通过类似于制动灯的警告灯亮起,提醒驾驶人注意。如果发出警示后碰撞的风险仍然在增加,制动支持功能会被激活。制动片能缩短响应时间,预充液压增强制动压力,确保驾驶人在没用力踩制动的情况下也能实现有效制动。如果驾驶人没有实施制动而系统预见碰撞即将发生,制动器将被激活,自动采取制动措施。

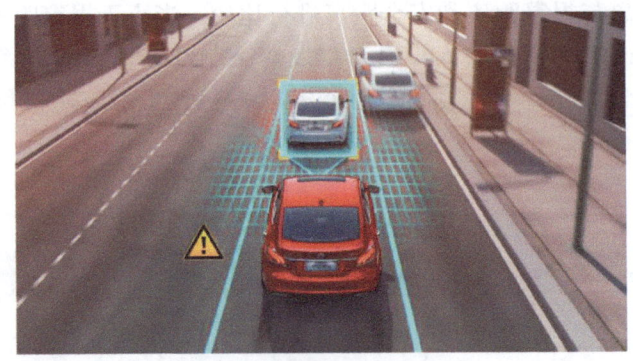

图 5-34　沃尔沃 CWAB 系统

除了 CWAB 系统外,沃尔沃还研发了城市安全系统与之相配合,该系统在时速 30km/h 以下时启动,自动探测前方 10m 内是否有静止或移动中的车辆。如果前车突然制动,而驾驶人系统对发出的警告未采取任何行动,车辆就会自动制动。如果两车的相对速度差低于 15km/h,该系统启动后可以使车辆自动制动停止,避免碰撞的发生。当两车的相对速度差为 15~30km/h 时,该系统可在碰撞发生前将速度降至最低,最大限度地减少本车与前车乘员及车辆因碰撞而产生的损伤。

项目五 智能网联汽车先进驾驶辅助与安全预警系统

任务三　智能网联汽车安全预警系统认知

知识点：预警系统的组成及各组成的定义。
能力点：掌握各预警系统的工作原理和结构组成。

🏠 任务情境

预警系统最初是应用于地震预防、山洪、火灾、风险预测等方面，近几年随着汽车工业的发展以及汽车安全技术的提高，预警技术开始应用于车辆行驶安全领域。

🏠 任务分析

汽车安全预警系统包括车辆防碰撞预警系统、车道偏离预警系统、驾驶人疲劳预警系统、盲区检测系统，该任务是掌握各系统的组成和工作原理。

🏠 相关知识

预警系统包括车辆防碰撞预警系统、车道偏离预警系统、驾驶人疲劳预警系统、盲区检测系统等，预警系统在车辆上面的应用大大提高了行车安全性，减少了交通事故的发生。

一、车道偏离预警系统

车道偏离预警系统（Lane Departure Warning System，LDWS），是一种汽车驾驶安全辅助系统，可以减少汽车因车道偏离而发生交通事故的系统。当感测元件侦测到车辆偏离车道时，若驾驶人因精神不济或疏忽而未打下转换车道的转向灯信号，系统会发出警示信号、振动转向盘，甚至是主动施力拉回转向盘以提醒驾驶人返回车道，如图5-35所示。

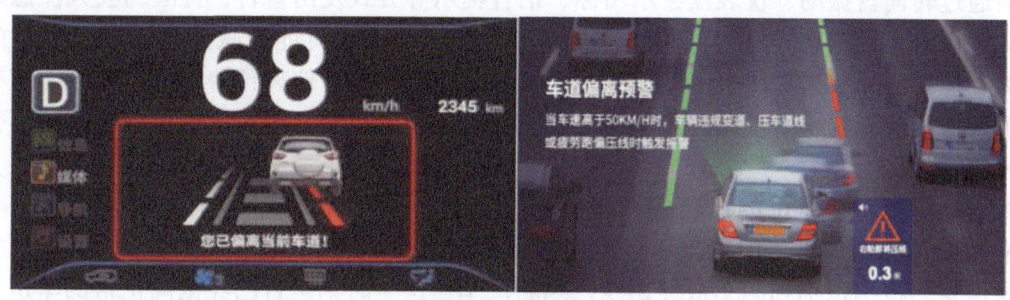

图5-35　车道偏离预警系统

(1) 车道偏离预警系统的组成　车道偏离预警系统组成主要由信息采集单元、电子控制单元和人机交互单元组成，如图 5-36 所示。

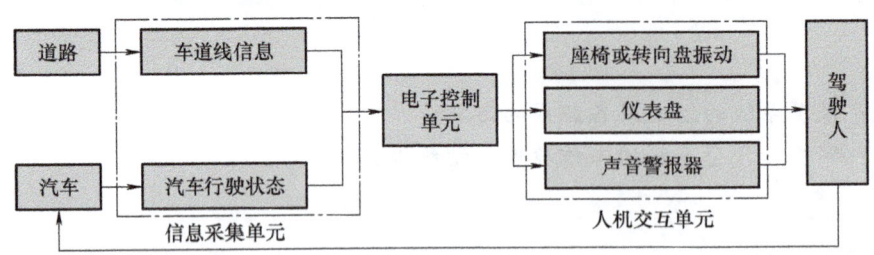

图 5-36　车道偏离预警系统组成

1) 信息采集单元。信息采集单元主要用于实现车道线信息和汽车自身行驶状态信息的采集。针对不同的道路条件和传感器类型，可采用不同的车道线检测方式，包括高精度地图定位、传感器定位、视觉传感器定位等，其中采用视觉传感器定位的方式应用较为广泛。汽车自身行驶状态信息的采集主要包括车速、加速度、转向角等数据。在完成所有信息数据的采集后，信息采集单元需对数据进行模-数转换，并传输给电子控制单元。

2) 电子控制单元。电子控制单元是整个系统的核心部分，需要对所有的数据进行集中处理。在处理车道线信息时，由于传感器存在测量误差，因此需要对其进行误差修正，最后综合判断汽车是否存在非正常偏离车道的现象，如果发生非正常偏离，就发出报警信息。

3) 人机交互单元。人机交互单元通过仪表显示界面、语音提示、座椅或转向盘振动等方式向驾驶人提示系统当前的状态，当存在车道偏移时，提醒驾驶人及时修正行驶方向，并可以根据偏移量的大小实现不同程度的预警效果。

(2) 车道偏离预警系统的工作原理　车道偏离预警系统可以在行车的全程自动或手动开启，以监控汽车行驶的轨迹。当系统正常工作时，信息采集单元将采集车道线位置、车速、汽车转向角等信息，电子控制单元将所有的数据转换到统一的坐标系下进行分析处理，从而获得汽车在当前车道中的位置参数，并判定汽车是否发生非正常的车道偏离。当检测到在未开启转向灯的情况下，汽车距离当前车道线过近并有可能偏入临近车道时，人机交互系统就会通过转向盘振动、仪表盘警示图标、语音提示等方式发出警告，提醒驾驶人注意纠正这种无意识的车道偏离，及时回到当前行驶车道上，从而尽可能地减少车道偏离事故的发生。为了能够给驾驶人提供更多的反应时间和操控时间，车道偏离预警系统需要在偏离车道线之前发出提示。如果驾驶人打开转向灯，正常进行变道行驶，则车道偏离预警系统不会做出任何提示。

基于视觉传感器定位的车道偏离预警系统工作原理如图 5-37 所示。该系统使用车载 CCD 相机对道路图像进行拍摄，并将获得的图像信息输入给车载电子控制单元，辨识并处理图像信息。根据识别到的车道标识线，判断汽车在这一时刻是否已经偏离正常的车道，若存在车道偏离现象，则发出预警信息，驾驶人纠正偏离车道的汽车。

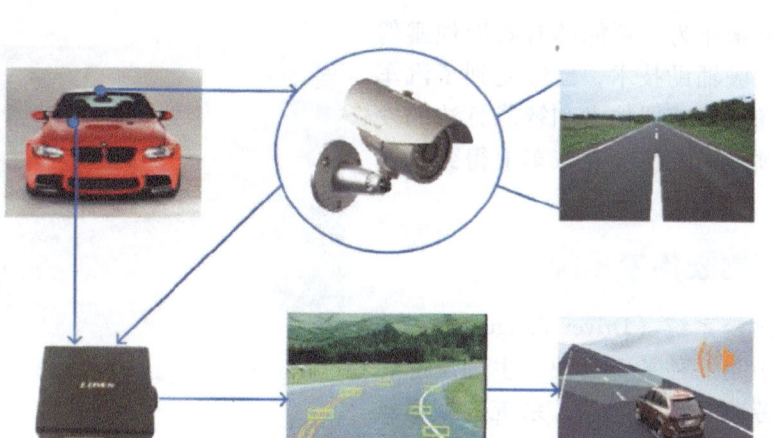

图 5-37 基于视觉传感器定位车道偏离预警系统工作原理

（3）车道偏离预警系统的应用 车道偏离预警系统最初仅装配在较为高档的汽车中，但是随着技术的发展，开始逐渐在所有车型上普及。但不同车型的开启方式不同，有些可在行车全程自动开启，有些需要手动开启，有些则需要在车速达到一定条件后才能自动开启。

日系车中车道偏离预警系统装车率较高。丰田推出的 Toyota Safety Sense 智行安全系统（规避碰撞辅助套装）中便包含车道偏离预警系统，在卡罗拉、凯美瑞等部分车型版本中均有装配。该系统主要使用位于驾驶室顶部的视觉传感器对车道线的信息进行提取，当出现车道偏离现象时，发出声音警报，如图 5-38 所示。

福特的新蒙迪欧车型中也配备了车道偏离预警系统，该系统在每次启动后便会自动开启，驾驶人也可以选择手动关闭或再次开启。当驾驶人在未开启转向灯的情况下，系统判定驾驶人对于即将越过车道标线的情况没有采取任何修正的转向时，会在仪表盘中发出提醒。新蒙迪欧的车道偏离预警系统手动关闭和再次开启按钮位置如图 5-39 所示。

图 5-38 丰田车道偏离预警系统

图 5-39 新蒙迪欧车道偏离预警系统按钮

国产自主品牌车中也开始配备有车道偏离预警系统。吉利汽车在博越的部分车型中配有 LDW。系统在行车途中默认开启，也可以在中控屏幕中点击进行开启或关闭操作，并可以设置三种报警距离。视觉传感器安装在风窗玻璃后方，并实时监测前方车道线，当汽车出现非主动偏航时，及时警示驾驶人，避免危险发生，如图 5-40 所示。

车道偏离预警作为一项能够有效地规避驾驶事故的先进驾驶辅助技术，已经受到了汽车厂商的重视。随着传感器技术和智能算法的发展，车道偏离预警系统将会在汽车上得到普遍的推广。

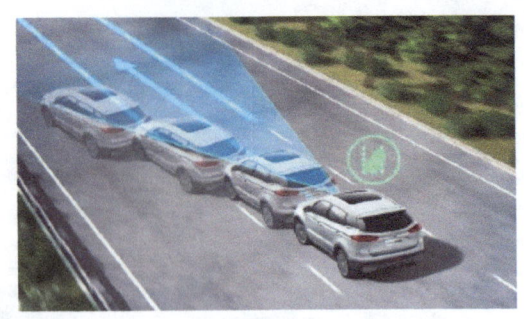

图 5-40　吉利博越车道偏离预警系统

二、疲劳驾驶预警系统

疲劳驾驶预警系统（Driver Fatigue Monitor System，DFMS）是一种基于驾驶人生理反应特征的驾驶人疲劳监测预警产品，系统依据驾驶人面部状态数据分析来判断驾驶人是否处于疲劳状态，处于疲劳状态系统会语音提示、振动提醒等，警告驾驶人需要停车休息，如图5-41所示。

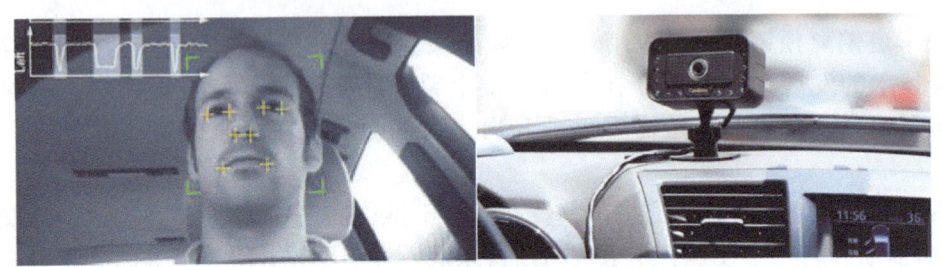

图 5-41　疲劳驾驶预警系统

（1）疲劳驾驶预警系统的组成　疲劳驾驶预警系统主要由信息采集单元、电子控制单元和预警显示单元组成，如图5-42所示。

图 5-42　疲劳驾驶预警系统组成

1）信息采集单元。信息采集单元主要利用传感器采集驾驶人信息和汽车行驶信息，驾驶人信息包括驾驶人的面部特征、眼部信号、头部运动性等；汽车行驶信息包括转向盘转角、行驶速度、行驶轨迹等，这些信息的采集取决于系统的设计。

2）电子控制单元。ECU接收信息采集单元传送的信号，进行运算分析，判断驾驶人疲劳状态；如果经计算分析发现驾驶人处于一定的疲劳状态，则向预警显示单元发出信号。

3）预警显示单元。预警显示单元根据ECU传递的信息，通过语音提示、振动提醒、电脉冲警示等方式对驾驶人疲劳进行预警。

（2）疲劳驾驶预警系统的应用　比亚迪公司开发的疲劳驾驶预警系统是基于驾驶人生理图像反应，利用驾驶人的面部特征、眼部信号、头部运动性等推断驾驶人的疲劳状态，并进行提示报警和采取相应措施的装置。比亚迪疲劳驾驶预警系统主要由摄像头和ECU两大模块组成，如图5-43所示。

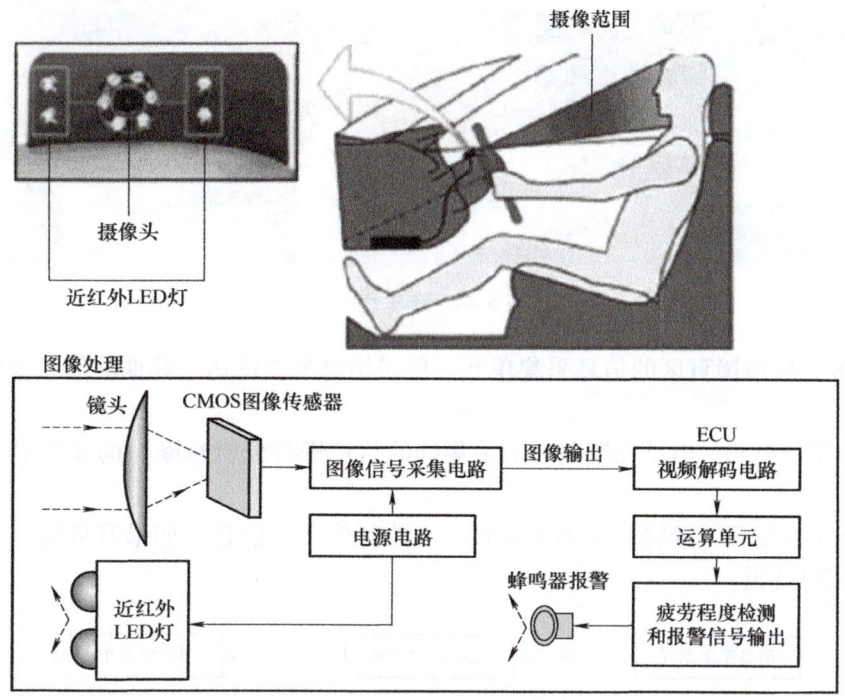

图 5-43 疲劳驾驶预警系统

1)摄像头模块。摄像头模块主要由镜头、CMOS 图像传感器、近红外 LED 灯、图像信号采集电路及电源电路组成。CMOS 图像传感器将通过镜头的光信号转换为电信号,实时拍摄驾驶人的头、肩部姿态,并通过连接线将信号输送至 ECU 进行处理。近红外 LED 灯在必要时点亮,进行补光,使得系统无论在白天、夜晚都能正常工作。

2)ECU 模块。ECU 模块主要由视频解码电路、运算单元、疲劳程度检测与报警信号输出单元、蜂鸣器组成。视频解码电路接收由摄像头模块发出的视频图像信号,解码后送入运算单元进行处理,如果经计算发现驾驶人处于一定的疲劳程度,则由报警单元驱动蜂鸣器进行报警。

三、视野盲区监测系统

所谓汽车视野盲区,是指驾驶人位于正常驾驶座位置,其视线被车体遮挡而不能直接观察到的那部分区域。简言之,驾驶人坐在驾驶座上驾驶的时候,观察不到的地方就叫汽车视野盲区。

通常情况下,盲区分为车内盲区和车外盲区。车内盲区有的是车辆结构形成的,有的则是人为造成的。车外盲区是因为固定或移动物体及光线问题造成的,不同车型遇到的盲区大小不同,如图 5-44 所示。

(1)视野盲区监测系统的组成 视野盲区监测系统主要由信息采集单元、电子控制单元和预警显示系统组成,如图 5-45 所示。

1)信息采集单元。信息采集单元利用车载传感器检测汽车视野盲区里是否有行人或其他行驶车辆,并把采集到的有用信息传输给电子控制单元,传感器有超声波传感器、摄像头

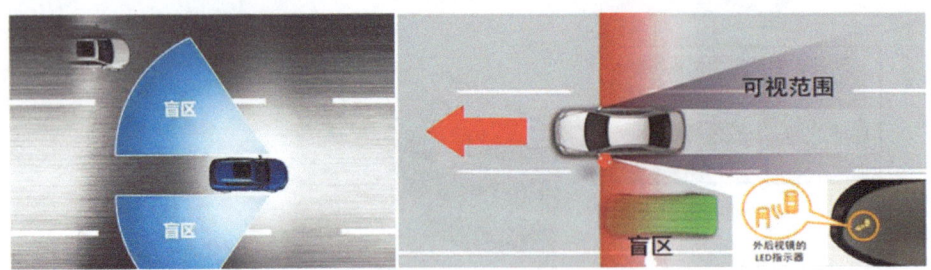

图 5-44 汽车盲区

或探测雷达等。后视镜盲区的信息采集单元一般采用毫米波雷达，其他的信息采集单元一般采用摄像头。

2）电子控制单元。电子控制单元对采集到的信息进行分析判断，向预警显示单元发送信息。

3）预警显示单元。预警显示单元接收电子控制单元的信息，如果有危险，则发出预警显示，此时不可变道。

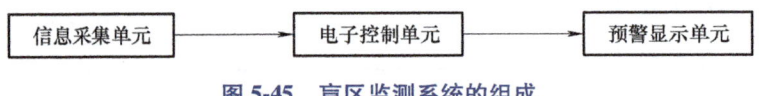

图 5-45 盲区监测系统的组成

（2）视野盲区监测系统的工作原理　盲区监测系统通过安装在车辆尾部或侧方的传感器检测后方来车或行人，传感器有视觉传感器、毫米波雷达等。

当汽车速度大于某一阈值（如 10km/h）时，盲区监测系统自动启动，如果监测范围内有车辆或行人，就会被信息采集单元监测到，计算出目标的距离、速度等信息，并将采集到的信息传递给电子控制单元；电子控制单元根据收到的信息判断进入监测范围内的车辆或行人是否对本车造成威胁，如果存在安全隐患，则通过预警显示单元提醒驾驶人，并根据危险程度、驾驶人的反应提供不同的预警方式。盲区监测系统一级报警指当电子控制单元认为存在驾驶风险时，预警显示单元会通过安装在两侧后视镜中的 LED 显示灯告知驾驶人。如果此时驾驶人没有注意到系统提醒，开转向灯准备变道，预警显示单元会通过 LED 发送一个闪光信号并发出蜂鸣声来警告驾驶人，避免交通事故的发生，此时为二级报警，如图 5-46 所示。

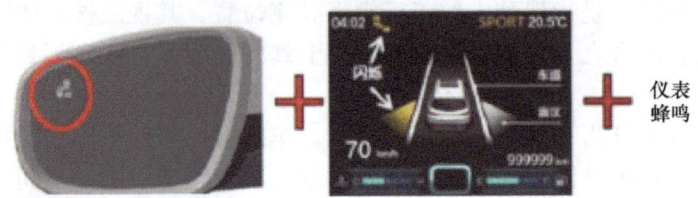

图 5-46 视野盲区监测系统二级报警

（3）视野盲区监测系统的应用

视野盲区监测系统能避免行车安全隐患，提高车辆行驶安全性，许多汽车厂商都推出各自的视野盲区监测系统，最初这些系统只用于高端车型，如宝马 7 系、奥迪 A8、奔驰 S 级等。随着视野盲区监测系统的不断发展,其成本逐渐降低,在中低端车型中也逐渐普及,如奥迪 A4、沃尔沃 S40、东风标致 508/408,都配有视野盲区监测系统。

不同汽车厂商的视野盲区监测系统各具特色,命名方式也不尽相同,但其差异主要是所用的环境感知传感器不同、预警显示单元的反应不同。

沃尔沃从 2005 年起就率先在 XC70、V70 和 S60 等车型上安装了视野盲区监测系统,称之为盲点信息系统(BLIS),此后沃尔沃的全系车型都相继采用这套系统。

沃尔沃的盲区信息系统的环境感知传感器采用的是安装在外后视镜根部的摄像头,对距离 3m 宽,9.5m 长的一个扇形盲区进行 25 帧/s 的图像监控,如图 5-47、图 5-48 所示。如果有速度大于 10km/h,且与车辆本身速度差为 20~70km/h 的移动物体(车辆或行人)进入该盲区,系统对比每帧图像,当认为目标进一步接近时,A 柱上的警告灯就会亮起,防止出现事故。

图 5-47　视野盲区传感器安装位置

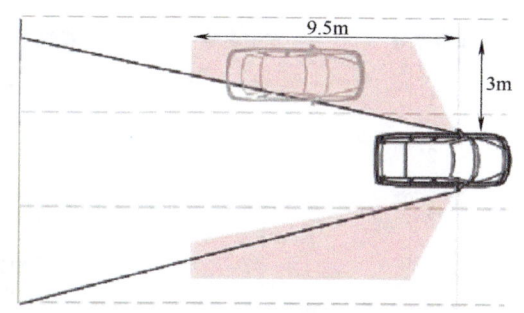

图 5-48　盲区信息系统工作原理

沃尔沃的盲区信息系统也存在缺陷,由于基于可见光成像系统采集图像,当能见度极差如大雾或暴风雪天气下,系统便无法工作,不过此时盲区信息系统也会对驾驶人有相应提示。同时,如果确认安全或通过集市这样非常拥挤的路段,也可以手动关闭盲区信息系统。

奥迪侧向辅助系统如图 5-49 所示,它采用 24GHz 毫米波雷达,安装在后保险杠的左右两侧。奥迪的第一代侧向辅助系统所用雷达探测范围在 50m 以内,而新一代系统的雷达探测范围已扩展到 70~100m,系统有更充裕的时间告知驾驶人周围的车辆信息。该系统在车速大于 30km/h 的情况下自动启动,既适用于高速公路和主干道,也适用于城市工况,可以监视车后区域,并在并线时提醒驾驶人注意旁边车道可能潜在的危险。如果后方有车快速驶来,位于外后视镜框架上的 LED 显示器会被点亮;如果驾驶人已经打开转向灯开始并线,而此时旁边车道正好有车快速接近,位于外后视镜框架上的 LED 显示器会以强光闪烁警告驾驶人。

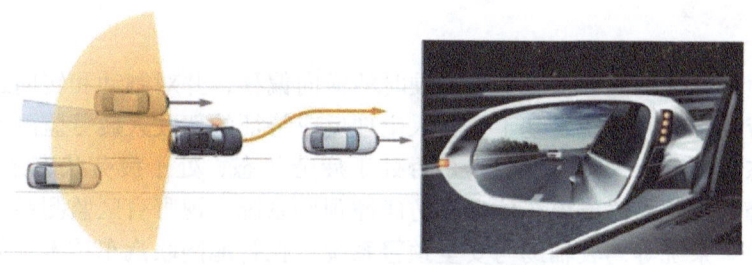

图 5-49　奥迪侧向辅助系统

任务实施

根据对智能网联汽车驾驶辅助系统的了解,查找目前已量产或最先进的驾驶辅助系统,将查找结果填入下列实训工单。

实训工单

实训项目	查找最先进的智能网联汽车驾驶辅助系统				
姓名		班级		学号	
实训地点		学时		日期	
实训结果					
车型序号	车型名称	属性1	属性2	属性3	属性4
1					
2					
3					
实训结果分析					
实训心得					
指导教师			成绩		

归纳总结

车道偏离预警系统是能够检测汽车行驶时的横向偏移,并对制动和转向进行调节的主动控制系统。疲劳驾驶预警系统是基于驾驶人生理反应特征的驾驶人疲劳监测预警,系统依据驾驶人面部状态数据分析来判断驾驶人是否处于疲劳状态,处于疲劳状态系统会语音提示、振动提醒等,警告驾驶人需要停车休息。防碰撞预警系统、视野盲区监测系统、车道保持辅助系统、自动泊车系统等驾驶辅助与安全预警系统,在智能网联汽车技术发展过程中起到关键性的作用。

项目五　智能网联汽车先进驾驶辅助与安全预警系统

思考与练习

一、简答题

1. 简述防碰撞预警系统的工作原理。
2. 简述车道偏离预警系统的工作原理。
3. 简述疲劳驾驶预警系统的工作原理。
4. 简述视野盲区监测系统的工作原理。
5. 简述车道保持辅助系统的工作原理。
6. 简述自动泊车系统的工作原理。
7. 简述自动制动辅助系统的工作原理。

二、填空题

1. 防碰撞预警系统由_____、_____、_____组成。
2. 自动制动辅助系统由_____、_____、_____组成。
3. 疲劳驾驶预警系统由_____、_____、_____组成。

三、选择题

1. 网联式先进驾驶辅助系统使用的传感器是（　　）。
   A. 毫米波雷达　　　　　　　　B. 视觉传感器
   C. 激光雷达　　　　　　　　　D. V2V
2. 不属于L2级智能网联汽车ADAS的是（　　）。
   A. 拥堵辅助驾驶系统　　　　　B. 换道辅助系统
   C. 自动泊车系统　　　　　　　D. 车道保持辅助系统
3. L2级智能网联汽车可以不配备的传感器是（　　）。
   A. 超声波传感器　　　　　　　B. 毫米波雷达
   C. 激光雷达　　　　　　　　　D. 视觉传感器
4. 车道保持辅助系统的执行单元不包括（　　）。
   A. 报警模块　　　　　　　　　B. 转向盘操纵模块
   C. 发动机控制模块　　　　　　D. 制动器操纵模块

拓展提高

车辆的主动安全预警系统

随着人们生活质量的不断提高，汽车在人们生活中已经必不可少了。同样随着汽车在普通家庭的普及，交通事故也随之越来越多，人们对汽车的安全性能也越来越关注，购买汽车除了看外观设计、品质优劣以外，安全性能也非常重要的，如果汽车上有完善的安全预警功能，那么发生事故的概率就会降低。

侧方碰撞预警和开门预警系统可以判断本车和侧方车辆或障碍物的距离，防止汽车前照灯等侧面位置产生剐蹭，如图5-50、图5-51所示。

113

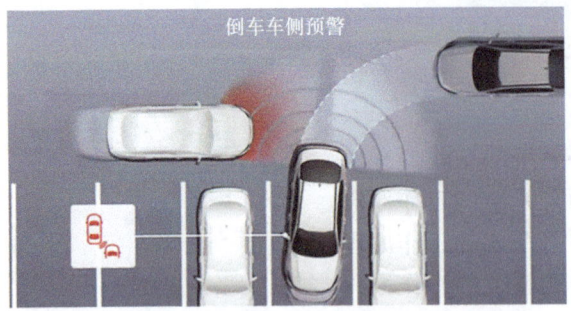

图 5-50　侧方防碰撞系统

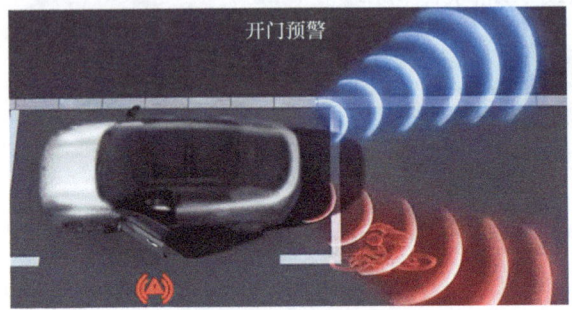

图 5-51　开门预警系统

项目六
人工智能技术在智能网联汽车中的应用

 课前导读

人脸识别技术

人脸识别是基于人的脸部特征信息进行身份识别的一种生物识别技术。用摄像机或摄像头采集含有人脸的图像或视频流,并自动在图像中检测和跟踪人脸,进而对检测到的人脸进行脸部的一系列相关技术,通常也叫人像识别、面部识别。

人脸与人体的其他生物特征(指纹、虹膜等)一样与生俱来,它的唯一性和不易被复制的良好特性为身份鉴别提供了必要的前提。

人脸识别主要用于身份识别。由于视频监控正在快速普及,众多的视频监控应用迫切需要一种远距离、用户非配合状态下的快速身份识别技术,以求远距离快速确认人员身份,实现智能预警。人脸识别技术无疑是最佳的选择,采用快速人脸检测技术可以从监控视频图像中实时查找人脸,并与人脸数据库进行实时比对,从而实现快速识别身份。

学习目标

通过对本项目的学习，理解人工智能的概念；了解人工智能的发展现状；熟悉人工智能技术在智能汽车中的典型应用。

能够：
➢ 掌握人工智能的概念；了解人工智能技术。
➢ 了解人工智能的发展现状；掌握人工智能的典型应用场景。
➢ 了解人工智能在智能汽车中的典型应用与发展趋势；掌握应用于智能汽车上的人工智能关键技术。

项目引入

2016 年 3 月，AlphaGo 与围棋世界冠军、职业九段棋手李世石进行围棋人机大战，AlphaGo 以 4 比 1 的总比分获胜，你知道是为什么吗？它为何可以战胜围棋世界冠军、职业九段棋手李世石？人工智能又是怎么一回事？本项目进行介绍。

项目六　人工智能技术在智能网联汽车中的应用

任务一　人工智能技术概述

知识点：人工智能的概念；人工智能的应用和发展。
能力点：掌握人工智能的概念；了解人工智能的发展。

任务情境

人工智能是计算机科学的一个分支，它企图了解智能的实质，并生产出一种新的能以人类智能相似的方式做出反应的智能机器，该领域的研究包括机器人、语言识别、图像识别、自然语言处理和专家系统等。

相关知识

一、人工智能技术

1. 人工智能的概念

人工智能，顾名思义就是人造智能，其英文表示是 Artificial Intelligence，简称 AI。"人工智能"一词目前是指用计算机模拟或实现的智能，因此人工智能又称机器智能，如图 6-1 所示。

（1）图灵测试和中文屋子　关于如何界定机器智能，早在人工智能学科还未正式诞生之前的 1950 年，计算机科学创始人之一的英国数学家阿兰·图灵（Alan Turing）就提出了现称为"图灵测试"的方法。简单来讲，图灵测试的做法是：让一位测试者分别与一台计算机和一个人进行交谈（当时是用电传打字机），而测试者事先并不知道哪一个被测者是人，哪一个是计算机。如果交谈后测试者分不出哪一个被测者是人，哪一个是计算机，则可以认为这台被测的计算机具有智能。

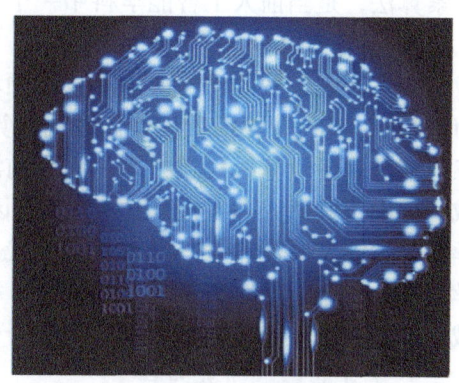

图 6-1　人工智能

对于"图灵测试"，美国哲学家约翰·西尔勒提出了异议。他用一个现在称为"中文屋子"的假设，试图说明即便是一台计算机通过了图灵测试，也不能说它就真的具有智能。"中文屋子"假设是说：有一台计算机阅读了一段故事并且能正确回答相关问题，这样这台计算就通过了图灵测试。而西尔勒设想将这段故事和问题改用中文描述（因为他本人不懂中文），然后将自己封闭在一个屋子里，代替计算机阅读这段故事并且回答相关问题。描述这段故事和问题的一连串中文符号只能通过一个很小的缝隙被送到屋子里。西尔勒则完全按照原先计算机程序的处理方式和过程（如符号匹配、查找、照抄等）对这些符号串进行操作，然后把得到的结果即问题答案通过小缝隙送出去。西尔勒认为尽管计算机用这种符号处理方式也能正确回答问题，并且也可通过图灵测试，但仍然不能说计算机就有了智能。

（2）脑智能和群智能　群智能是有别于脑智能的。事实上，它们是属于不同层次的智能。脑智能是一种个体智能（Individual Intelligence，II），而群智能是一种社会智能（Social Intelligence，SI），或者说是系统智能（System Intelligence，SI）。但对于人脑来说，宏观心理（或者语言）层次上的脑智能与神经元层次上的群智能又有密切的关系——正是微观生理层次上低级的神经元的群智能形成了宏观心理层次上高级的脑智能（但二者之间的具体关系如何，却仍然是个谜，这个问题的解决需要借助于系统科学）。

（3）符号智能和计算智能

1）符号智能。符号智能就是符号人工智能，它是模拟脑智能的人工智能，即传统人工智能或经典人工智能。符号智能以符号形式的知识和信息为基础，主要通过逻辑推理，运用知识进行问题求解。符号智能的主要内容包括知识获取、知识表、知识组织与管理和知识运用等技术（这些构成了所谓的知识工程（Knowledge Engineering，KE））以及基于知识的智能系统等。

2）计算智能。计算智能就是计算人工智能，它是模拟群智能的人工智能。计算智能以数值数据为基础，主要通过数值计算，运用算法进行问题求解。计算智能的主要内容包括：神经计算（Neural Computation，NC）；进化计算也称演化计算（Evolutionary Computation，EC），包括遗传算法（Genetic Algorithm，GA）、进化规划（Evolutionary Planning，EP）、进化策略（Evolutionary Strategies，ES）等；免疫计算（Immune Computation）；粒群算法（Particle Swarm Algorithm，PSA）；蚁群算法（Ant Colony Algorithm，ACA）；自然计算（Natural Computation，NC）以及人工生命（Artificial Life，AL）等。计算智能主要研究各类优化搜索算法，是当前人工智能学科中一个十分活跃的分支领域。

2. 人工智能的学科范畴

现在，人工智能已构成信息技术领域的一个重要学科。因为该学科研究的是如何使机器（计算机）具有智能或者说如何利用计算机实现智能的理论、方法和技术，所以，当前的人工智能既属于计算机科学技术的一个前沿领域，也属于信息处理和自动化技术的一个前沿领域。但由于其研究内容涉及"智能"，因此，人工智能又不局限于计算机、信息和自动化等学科，还涉及智能科学、认知科学、心理科学、脑及神经科学、生命科学、语言学、逻辑学、行为科学、教育科学、系统科学、数理科学以及控制论、哲学甚至经济学等众多学科领域。所以，人工智能实际上是一门综合性的交叉学科和边缘学科。

3. 人工智能的研究内容

（1）搜索与求解　所谓搜索，就是为了达到某一目标而多次地进行某种操作、运算、推理或计算的过程。事实上，搜索是人在求解问题而不知现成解法的情况下所采用的一种普遍方法。这可以看作是人类和其他生物所具有的一种元知识。另一方面，人工智能的研究实践也表明，许多问题（包括智力问题和实际工程问题）的求解都可以描述为或者归结为对某种图或空间的搜索问题。许多智能活动（包括脑智能和群智能）的过程都可以看作或者抽象为一个基于搜索的问题求解过程。因此，搜索技术就成为人工智能最基本的研究内容。

（2）学习与发现　学习与发现是指机器的知识学习和规律发现。事实上，经验积累能力、规律发现能力和知识学习能力都是智能的表现。那么，要实现人工智能就应该赋予机器这些能力。因此，关于机器的学习和发现技术是人工智能的重要研究内容。

（3）知识与推理　对人工智能来说，知识非常重要，可以说"知识就是智能"。能发现客观规律是一种有智能的表现，能运用知识解决问题也是有智能的表现，而且是最为基本的一种表现。而发现规律和运用知识本身还需要知识。因此可以说，知识是智能的基础和源泉。所以，要实现人工智能，计算机就必须拥有知识和运用知识的能力。为此，就要研究面向机器的知识表示形式和基于各种表示的机器推理技术。知识表示要求便于计算机的接收、存储、处理和运用，机器的推理方式与知识的表示又息息相关。由于推理是人脑的一个基本功能和重要功能，因此，在符号智能中几乎处处都与推理有关。

（4）发明与创造　这里的发明创造是广义的，它既包括通常所说的发明创造，如机器、仪器、设备等的发明和革新；也包括创新性软件、方案、规划、设计等的研制和技术、方法的创新以及文学、艺术的创作；还包括思想、理论、法规的建立和创新等。发明创造不仅需要知识和推理，还需要想象和灵感。它不仅需要逻辑思维，而且还需要形象思维。所以，这个领域是人工智能中最富挑战性的一个研究领域。目前，人们在这一领域已经开展了一些工作，并取得了一些成果，如已展开了关于形象信息的认知理论、计算模型和应用技术的研究，已开发出了计算机辅助创新软件，还尝试用计算机进行文艺创作等。但总的来讲，原创性的机器发明创造进展甚微，甚至还是空白。

（5）感知与交流　感知与交流是指计算机对外部信息的直接感知和人机之间、智能体之间的直接信息交流。机器感知就是计算机直接"感觉"周围世界，就像人一样通过"感觉器官"直接从外界获取信息，如通过视觉器官获取图形、图像信息，通过听觉器官获取声音信息。所以，机器感知包括计算机视觉、听觉等各种感觉能力。机器信息交流涉及通信和自然语言处理等技术。自然语言处理又包括自然语言理解和表达。感知和交流是拟人化智能个体或智能系统（如 Agent 和智能机器人）所不可缺少的功能组成部分，这也是人工智能的研究内容之一。

（6）记忆与联想　记忆是智能的基本条件，不管是脑智能还是群智能，都以记忆为基础。

计算机要模拟人脑的思维就必须具有联想功能。要实现联想无非就是建立事物之间的联系。在机器世界里面就是有关数据、信息或知识之间的联系，建立这种联系的办法很多，如用指针、函数、链表等。但传统方法实现的联想，只能用那些完整的、确定的（输入）信息，联想起（输出）有关的信息，这种"联想"与人脑的联想功能相差甚远。人脑对那些残缺的、失真的、变形的输入信息，仍然可以快速准确地输出联想响应。

从机器内部的实现方法来看，传统的信息查询是基于传统计算机的按地址存取方式进行的。而研究表明，人脑的联想功能是基于神经网络的按内容记忆方式进行的。也就是说，只要是内容相关的事情，不管在哪里（与存储地址无关），都可由其相关的内容被想起。

（7）系统与建造　系统与建造是指智能系统的设计和实现技术。它包括智能系统的分类、硬/软件体系结构、设计方法、实现语言工具与环境等。由于人工智能一般总要以某种系统的形式来表现和应用，因此关于智能系统的设计和实现技术也是人工智能的研究内容之一。

（8）应用与工程　应用与工程是指人工智能的应用和工程研究，这是人工智能技术与实际应用的接口。它主要研究人工智能的应用领域、应用形式、具体应用工程项目等。其研究内容涉及问题的分析、识别和表示，相应求解方法和技术的选择等。

二、人工智能的技术的发展

1. 人工智能的发展阶段

（1）计算阶段

1）什么是计算。计算是将各种运算方法与数据结合并得出结论的行为，这种行为存在于社会生活的方方面面。

2）智能机器人的计算。借助自然界（生物界）规律的启示，根据其规律，设计出求解问题的算法。物理学、化学、数学、生物学、心理学、生理学、神经科学和计算机科学等学科的现象与规律都可能成为计算智能算法的基础和思想来源。

3）计算智能阶段的智能产品特点。"能存会算"。即快速计算与存储，如图6-2所示。

（2）感知智能阶段

1）什么是感知。感知就是具有能够感觉内部、外部的状态和变化、理解这些变化的某种内在含义的能力。

2）智能机器人的感知。一个鲜活的生命可以通过他的各种感觉器官和中枢神经系统来感受、理解外部和自己内部的变化。而一个智能机器人要感知这个世界，就必须具有一定的信息获取手段和信息处理方法。对于许多机器人来说，获取信息的手段就是通过多种不同功能的传感器来收集各种不同性质的信息。而对于信息的理解则是通过对传感器信息的处理来获得的。

图6-2 计算智能阶段的智能产品

3）感知智能阶段的智能产品特点。感知智能阶段的智能产品"能听会说，能看会写"。其典型应用为：语音识别、手写识别、图像识别。

（3）认知阶段

1）什么是认知。认知是指对客观事物的特征及事物间联系的反映，其对象是有关问题、资料等具体的信息，其过程是对这些信息进行的编码、储存、提取应用等具体操作。

2）智能机器人的认知。机器人的认知分为三个步骤：获得数据；对数据进行加工整合得出结果；自我学习，自我完善。

3）认知智能阶段的智能产品特点。认知智能阶段的智能产品具有自主学习的能力，只需要给出基本的反射式行为，所有的高级认知能力都可以通过自主学习得到，不需重新编程。各模块之间互相依赖并且可以同时学习，具有实时的学习能力，如图6-3所示。

图6-3 认知智能阶段的智能产品

2. 人工智能的发展成果

（1）人机对弈 Deep blue 及 Alpha-

Go，如图 6-4 所示。

1996 年 2 月 10~17 日，Garry Kasparov 以 4∶2 战胜"深蓝"（Deep Blue）。

1997 年 5 月 3~11 日，Garry Kasparov 以 2.5∶3.5 输于改进后的"深蓝"。

2003 年 2 月，Garry Kasparov 3∶3 战平"小深"（Deep Junior）。

2003 年 11 月，Garry Kasparov 2∶2 战平"X3D 德国人"（X3D-Fritz）。

2016 年，谷歌围棋人工智能 AlphaGo 4∶1 胜李世石。

（2）模式识别 模式识别（Pattern Recognition）是指对表征事物或现象的各种形式的（数值的、文字的和逻辑关系的）信息进行处理和分析，以对事物或现象进行描述、辨认、分类和解释的过程，是信息科学和人工智能的重要组成部分。其主要有 2D 识别引擎、3D 识别引擎、驻波识别引擎以及多维识别引擎。

目前，2D 识别引擎已推出指纹识别，人像识别，文字识别，图像识别，车牌识别；驻波识别引擎已推出语音识别。2D/3D/多维识别系统，如图 6-5 所示。

图 6-4 人机对弈

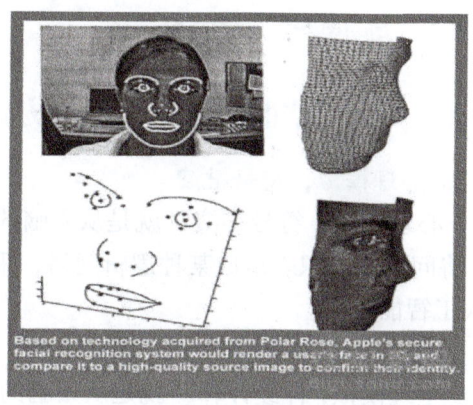

图 6-5 人脸识别

（3）自动工程 自动工程的应用有：猎鹰 60 防空系统，如图 6-6 所示；自动驾驶系统如图 6-7 所示。

图 6-6 猎鹰 60 防空系统

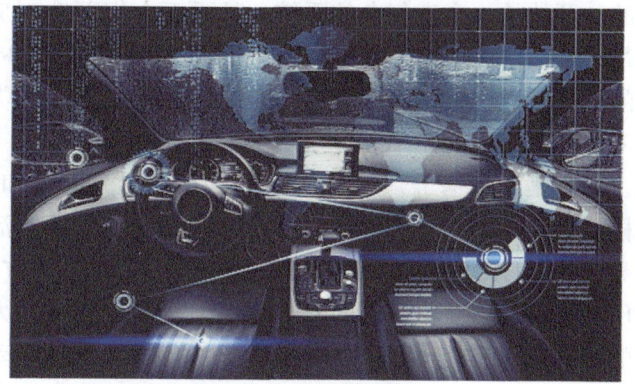

图 6-7 自动驾驶系统

（4）知识工程 它是以知识本身为处理对象，研究如何运用人工智能和软件技术，设计、构造和维护知识系统,目前主要用于:专家系统、智能搜索引擎、计算机视觉和图像处理、机器翻译和自然语言理解、数据挖掘和知识发现。专家系统、智能搜索引擎,如图6-8、图6-9所示。

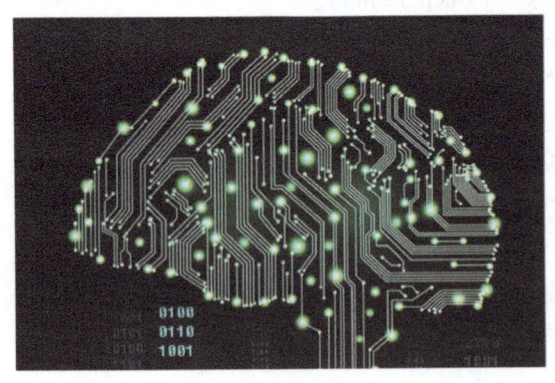

图6-8 专家系统

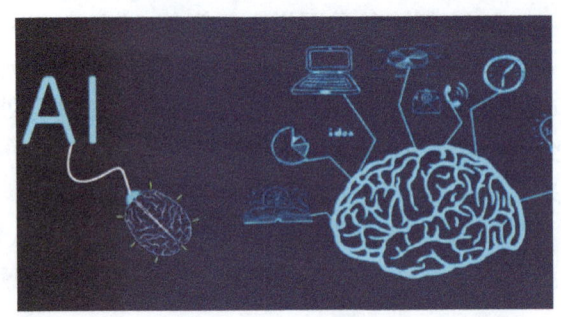

图6-9 智能搜索引擎

三、人工智能的研究途径与方法

1. 心理模拟,符号推演

"心理模拟,符号推演"就是从人脑的宏观心理层面入手,以智能行为的心理模型为依据,将问题或知识表示成某种逻辑网络,采用符号推演的方法模拟人脑的逻辑思维过程,实现人工智能。

2. 生理模拟,神经计算

"生理模拟,神经计算"就是从人脑的生理层面,即微观结构和工作机理入手,以智能行为的生理模型为依据,采用数值计算的方法,模拟脑神经网络的工作过程,实现人工智能。具体来讲,就是用人工神经网络作为信息和知识的载体,用称为神经计算的数值计算方法来实现网络的学习、记忆、联想、识别和推理等功能。

人脑的生理结构是由1011~1012个神经元(细胞)组成的神经网络,而且是一个动态的、开放的、高度复杂的系统,以至于人们至今对它的生理结构和工作机理还未完全弄清楚。因此,对人脑的真正和完全模拟,一时还难以办到。所以,目前的生理模拟只是对人脑的局部或近似模拟,也就是从群智能的层面进行模拟,实现人工智能。

3. 行为模拟,控制进化

它是一种基于"感知-行为"模型的研究途径和方法,称为行为模拟法。这种方法是用模拟人和动物在与环境的交互、控制过程中的智能活动和行为特性(如反应、适应、学习、寻优等),来研究和实现人工智能的。基于这一方法研究人工智能的典型代表是MIT的R. Brooks教授,他研制的六足行走机器人(亦称为人造昆虫或机器虫),曾引起人工智能界的轰动。这个机器虫可以看作是新一代的"控制论动物",它具有一定的适应能力,是一个运用行为模拟即控制进化方法研究人工智能的代表作。

4. 群体模拟,仿生计算

"群体模拟,仿生计算"就是模拟生物群落的群体智能行为,从而实现人工智能。例如,

模拟生物种群有性繁殖和自然选择现象而出现的遗传算法，进而发展为进化计算；模拟人体免疫细胞群而出现的免疫计算、免疫克隆计算及人工免疫系统；模拟蚂蚁群体觅食活动过程的蚁群算法；模拟鸟群飞翔的粒群算法和模拟鱼群活动的鱼群算法等等。这些算法在解决组合优化等问题中表现出卓越的性能。而对这些群体智慧的模拟是通过一些诸如遗传、变异、选择、交叉、克隆等所谓的算子或操作来实现的，所以我们统称其为仿生计算。

5. 博采广鉴，自然计算

其实，人工智能的这些研究途径和方法的出现并非偶然。因为至今人们对智能的科学原理还未完全弄清楚，所以在这种情况下研究和实现人工智能的一个自然的思路就是模拟自然智能。起初，人们知道自然智能源于人脑，于是，模拟人脑智能就是研究人工智能的一个首要途径和方法。后来，人们发现一些生命群体的群体行为也会表现出某些智能，于是，模拟这些群体智能，就成了研究人工智能的又一个重要途径和方法。现在，人们则进一步从生命、生态、系统、社会、数学、物理、化学，甚至经济等众多学科和领域寻找启发和灵感，展开人工智能的研究。

例如，人们从热力学和统计物理学所描述的高温固体材料冷却时，其原子的排列结构与能量的关系中得到启发，提出了"模拟退火算法"。该算法已是解决优化搜索问题的有效算法之一。又如，人们从量子物理学中的自旋和统计机理中得到启发，而提出了量子聚类算法。

6. 原理分析，数学建模

"原理分析，数学建模"就是通过对智能本质和原理的分析，直接采用某种数学方法来建立智能行为模型。例如，人们用概率统计原理（特别是贝叶斯定理）处理不确定性信息和知识，建立了统计模式识别、统计机器学习和不确定性推理的一系列原理和方法。又如，人们用数学中的距离、空间、函数、变换等概念和方法，开发了几何分类、支持向量机等模式识别和机器学习的原理和方法。人工智能的这一研究途径和方法的特点也就是纯粹用人的智能去实现机器智能。

任务二　人工智能技术的应用

知识点：人工智能技术在智能网联汽车中的具体应用。
能力点：了解人工智能技术在智能网联汽车中的应用。

任务情境

智能网联汽车中有哪些人工智能技术？语音交互、人机交互、自动定位是如何实现的？这一任务将具体讲述。

相关知识

1. 人工智能在自动驾驶技术中的应用

人工智能发展六十几年，在深度学习、计算机视觉和自然语言理解等各方面的突破，使得许多曾是天方夜谭的应用成为可能，无人驾驶汽车就是其中之一。作为人工智能等技术在汽车行业、交通领域的延伸与应用，无人驾驶近几年在世界范围内受到了产学界甚至国家层面的密切关注。目前，人工智能在汽车自动驾驶技术中也有了广泛应用。

自动驾驶汽车依靠人工智能、视觉计算、雷达、监控装置和全球定位系统协同合作，它是一个集环境感知、规划决策、多等级辅助驾驶等功能于一体的综合系统，它集中运用了计算机、现代传感、信息融合、通信、人工智能及自动控制等技术，是典型的高新技术综合体，如图6-10所示。

图6-10　自动驾驶汽车

这种汽车能和人一样会"思考""判断""行走"，让计算机可以在没有任何人类主动的操作下，自动安全地操作机动车辆。

项目六 人工智能技术在智能网联汽车中的应用

2. 人工智能在自动驾驶定位技术中的应用

定位技术是自动驾驶车辆行驶的基础。目前常用的技术包括线导航、磁导航、无线导航、视觉导航、激光导航等。

其中磁导航是目前最成熟可靠的方案，现有大多数应用均采用这种导航技术。磁导航技术通过在车道上埋设磁性标志来给车辆提供车道的边界信息，磁性材料具有好的环境适应性，它对雨天、冰雪覆盖、光照不足甚至无光照的情况都可适应，不足之处是需要对现行的道路设施做出较大的改动，成本较高。同时磁导航技术无法预知车道前方的障碍，因而不可能单独使用。

视觉导航对基础设施的要求较低，被认为是最有前景的导航方法。在高速路和城市环境中视觉导航受到了较大的关注。

3. 人工智能在自动驾驶图像识别与感知中的应用

无人驾驶汽车感知依靠传感器。目前传感器性能越来越高、体积越来越小、功耗越来越低，其飞速发展是无人驾驶热潮的重要推手。反过来，无人驾驶又对车载传感器提出了更高的要求，促进了其发展。

用于无人驾驶的传感器可以分为四类：

（1）雷达传感器　主要用来探测一定范围内障碍物（如车辆、行人、路肩等）的方位、距离及移动速度，常用车载雷达种类有激光雷达、毫米波雷达和超声波雷达。激光雷达精度高、探测范围广，但成本高，如 Google 无人车车顶上的 64 线激光雷达成本高达 70 多万元人民币；毫米波雷达成本相对较低，探测距离较远，被车企广泛使用，但与激光雷达比精度稍低、可视角度偏小；超声波雷达成本最低，但探测距离近、精度低，可用于低速下碰撞预警。

（2）视觉传感器　主要用来识别车道线、停止线、交通信号灯、交通标志牌、行人、车辆等。常用的有单目摄像头、双目摄像头、红外摄像头。视觉传感器成本低，相关研究与产品非常多，但视觉算法易受光照、阴影、污损、遮挡影响，准确性、鲁棒性有待提高。所以，作为人工智能技术广泛应用的领域之一的图像识别，也是无人驾驶汽车领域的一个研究热点。

（3）定位及位姿传感器　主要用来实时高精度定位以及位姿感知，如获取经纬度坐标、速度、加速度、航向角等，一般包括全球卫星定位系统（GNSS）、惯性设备、轮速计、里程计等。现在国内常用的高精度定位方法是使用差分定位设备，如 RTK-GPS，但需要额外架设固定差分基站，应用距离受限，而且易受建筑物、树木遮挡影响。近年来很多省市的测绘部门都架设了相当于固定差分基站的连续运行参考站系统（CORS），（如辽宁、湖北、上海等）实现了定位信号的大范围覆盖，这种基础设施建设为智能驾驶提供了有力的技术支撑。定位技术是无人驾驶的核心技术，因为有了位置信息就可以利用丰富的地理、地图等知识，使用基于位置的服务。

（4）车身传感器　来自车辆本身，通过整车网络接口获取诸如车速、轮速、档位等车辆本身的信息。

4. 人工智能在自动驾驶深度学习中的应用

驾驶人认知靠大脑，无人驾驶汽车的"大脑"则是计算机。无人车里的计算机与常用的台式机、笔记本略有不同，因为车辆在行驶的时候会遇到颠簸、振动、粉尘甚至高温的情况，一般计算机无法长时间运行在这些环境中。所以无人车一般选用工业环境下的计算机——工控机。

无人驾驶车软件系统架构如图 6-11 所示。

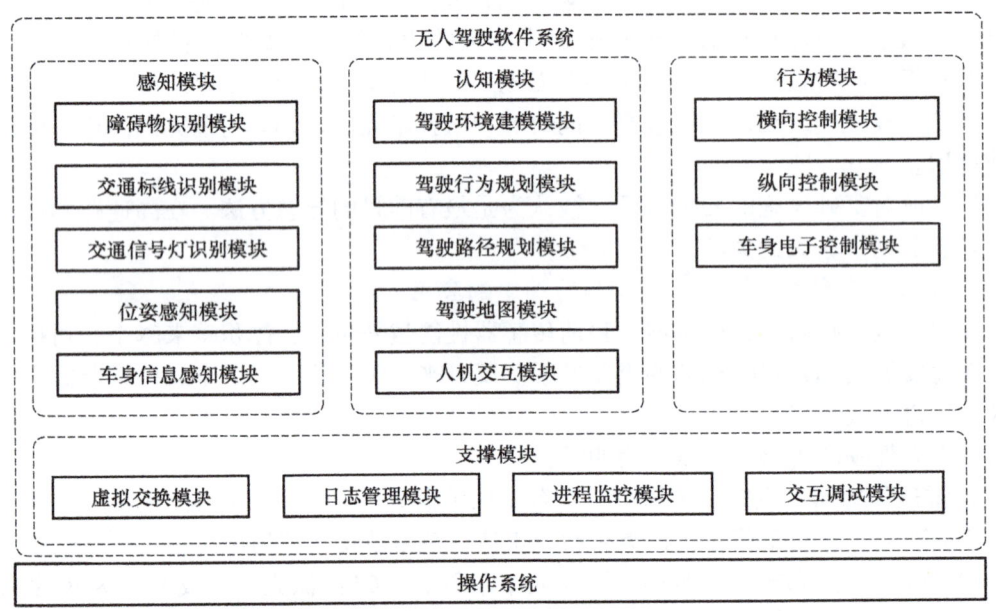

图 6-11　无人驾驶车软件系统架构

其中，支撑模块包括：虚拟交换模块，用于模块间通信；日志管理模块，用于日志记录、检索以及回放；进程监控模块，负责监视整个系统的运行状态，如果某个模块运行不正常则提示操作人员并自动采取相应措施；交互调试模块，负责开发人员与无人驾驶系统交互。

除了对外界进行认知之外，机器还必须要能够进行学习。深度学习是无人驾驶技术成功的基础，深度学习是源于人工神经网络的一种高效的机器学习方法。深度学习可以提高汽车识别道路、行人、障碍物等的时间效率，并保障了识别的正确率。通过大量数据的训练之后，汽车可以将收集到的图形、电磁波等信息转换为可用的数据，利用深度学习算法实现无人驾驶。

5. 人工智能技术在汽车中的应用

（1）语音识别　在语音识别领域，科大讯飞多次在全球知名赛事中获得冠军。

语音识别并不是单一的听到、听见、听清楚，还需要一系列的算法和技术性的保证。如何分析车上的人的动作和其他属性，满足他真正的需求，需要通过一系列的机器学习过程来实现。

（2）人脸识别　人脸识别技术也能用于汽车领域。目前，科大讯飞的人脸识别技术已经能够在银行小额支付系统上使用。这套系统并不是单一的人脸识别，而是"人脸+声纹识别"，鉴别准确率能够达到 99.99%。人就是车钥匙，车就是信用卡。未来，这一理念完全可以实现。实际上，人的整个生物构成，更能证明自己的身份。

（3）主动交互　汽车的智能化发展方向主要有两方面。一方面是汽车的自动驾驶技术，另一方面，应该是垂直方向的发展，即从互联网汽车到情感化汽车。实际上，相比自动驾驶技术，垂直方向的进展是现在就能够做好的。最终，两方面将融合，即全智能化自动驾驶，如图6-12所示。

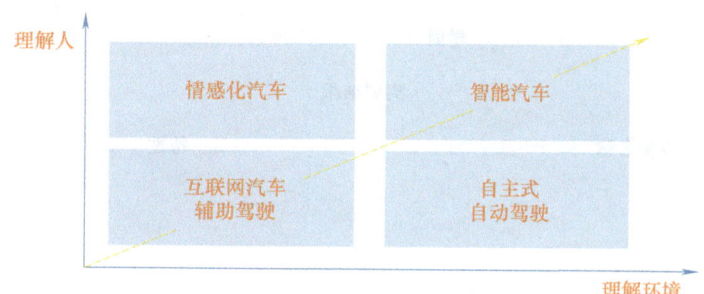

图6-12　智能汽车发展路线

（4）汽车电子手册　如果将汽车说明书做成电子手册，并进行结构化，同时加上语音交互，那么不仅能提高用户的使用舒适度和便利性，也能给主机厂省下一笔费用。

（5）智能汽车客服　智能客服系统有两个做法。一是让机器来辅助人，或者让机器替代人，如要查某个人的手机号码，机器就可以进行反馈，这里面是没有人参与的。二是质检系统，一个省级运营商的呼叫中心，每一天的话务量是上万小时，如果用人听会耗费很多时间。但如果拿机器把所有的声音全部文本化并结构化，每天早晨质检小组长就可以从邮件里面看到质检列表，这个列表会将用户投诉、询问新业务等数据列出来，大幅减少了工作量。智能汽车客服系统如图6-13所示。

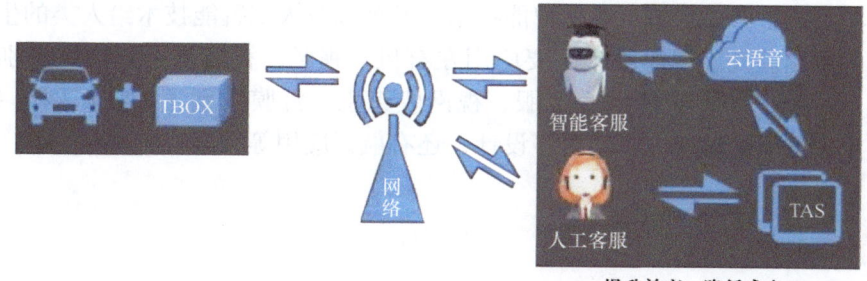

图6-13　智能汽车客服系统

（6）智能销售助手　智能销售助手是基于主机厂对于售后系统或销售过程中的场景，将销售技巧结构化，以让机器进行学习。当客户询问某些问题时，该系统能够在后台给出推荐信息，以辅助销售人员与客户进行更好的沟通。

任务实施

查找智能网联汽车中最新的智能设备，并将名称填入下列实训工单。

实训工单

实训项目	查找智能网联汽车中最新智能设备				
姓名		班级		学号	
实训地点		学时		日期	
实训结果					
车型序号	设备名称		特性		
1					
2					
3					
实训结果分析					
指导教师			成绩		

归纳总结

通过本项目的学习，了解了人工智能技术的发展以及人工智能技术给人类的生活、工作和学习带来的便利。人工智能技术主要应用在有机器视觉、智能制造、指纹识别、人脸识别、语音识别、AR/VR、智能语音客服、视网膜识别、虹膜识别、掌纹识别、专家系统、智能搜索、定理证明、博弈、自动程序设计，还有航天应用等领域。

思考与练习

1. 人工智能技术的概念是什么？
2. 简述人工智能技术的发展。
3. 简述人工智能技术在智能网联汽车中的应用。

拓展提高

人工智能的十大应用

1. 无人驾驶汽车

无人驾驶汽车是智能汽车的一种，也称为轮式移动机器人，主要依靠车内以计算机系统为主的智能驾驶控制器来实现无人驾驶。无人驾驶中涉及的技术包含多个方面，如计算机视觉、自动控制技术等。

2. 人脸识别

人脸识别也称人像识别、面部识别，是基于人的脸部特征信息进行身份识别的一种生物识别技术。人脸识别涉及的技术主要包括计算机视觉、图像处理等。

3. 机器翻译

机器翻译是计算语言学的一个分支，是利用计算机将一种自然语言转换为另一种自然语言的过程。机器翻译用到的技术主要是神经机器翻译技术（NMT），该技术当前在很多语言上的表现已经超过人类。

4. 声纹识别

生物特征识别技术包括很多种，除了人脸识别，目前用得比较多的是声纹识别。声纹识别是一种生物鉴权技术，也称为说话人识别，包括说话人辨认和说话人确认。

声纹识别的工作过程为，系统采集说话人的声纹信息并将其录入数据库，当说话人再次说话时，系统会采集这段声纹信息并自动与数据库中已有的声纹信息做对比，从而识别出说话人的身份。

声纹识别具有抗遗忘、可远程的鉴权特点，在现有算法优化和随机密码的技术手段下，声纹能有效防录音、防合成，因此安全性高、响应迅速且识别精准。

同时，声纹识别技术具有可通过电话信道、网络信道等方式采集用户的声纹特征的特点，因此其在远程身份确认上极具优势。

5. 智能客服机器人

智能客服机器人是一种利用机器模拟人类行为的人工智能实体形态，它能够实现语音识别和自然语义理解，具有业务推理、话术应答等能力。

智能客服机器人拥有海量的行业背景知识库，能对用户咨询的常规问题进行标准回复，提高应答准确率。同时，智能客服机器人在应答过程中，可以结合丰富的对话语料进行自适应训练，因此，其在应答话术上将变得越来越精确。

6. 智能外呼机器人

智能外呼机器人是人工智能在语音识别方面的典型应用，它能够自动发起电话外呼，以语音合成的自然人声形式，主动向用户群体介绍产品。

7. 智能音箱

智能音箱是语音识别、自然语言处理等人工智能技术的电子类产品应用，随着智能音箱的迅猛发展，其也被视为智能家居的未来入口。究其本质，智能音箱就是能完成对话环节的拥有语音交互能力的机器。

8. 个性化推荐

个性化推荐是一种基于聚类与协同过滤技术的人工智能应用，它建立在海量数据挖掘的基础上，通过分析用户的历史行为建立推荐模型，主动给用户提供匹配他们的需求与兴趣的信息，如商品推荐、新闻推荐等。

9. 医学图像处理

医学图像处理是目前人工智能在医疗领域的典型应用，它的处理对象是由各种不同成像机理，如在临床医学中广泛使用的核磁共振成像、超声成像等生成的医学影像。

10. 图像搜索

图像搜索是近几年用户需求日益旺盛的信息检索类应用，分为基于文本的和基于内容的两类搜索方式。传统的图像搜索只识别图像本身的颜色、纹理等要素，基于深度学习的图像搜索还会计入人脸、姿态、地理位置和字符等语义特征，针对海量数据进行多维度的分析与匹配。

项目七
智能网联汽车操作系统与应用平台

 课前导读

ROS 探索

ROS 系统是起源于 2007 年斯坦福大学人工智能实验室的项目与机器人技术公司 Willow Garage 的个人机器人项目之间的合作，2008 年之后由 Willow Garage 来进行推动。

ROS 的首要设计目标是在机器人研发领域提高代码复用率。ROS 是一种分布式处理框架，这使可执行文件能被单独设计，并且在运行时松散耦合。这些过程可以封装到数据包和堆栈中，以便于共享和分发。

ROS 以分布式的关系遵循着 BSD 许可，也就是说允许各种商业和非商业的工程进行开发。ROS 通过内部处理的通信系统进行数据的传递，不要求各模块在同样的可执行功能上连接在一起。如此，利用 ROS 构建的系统可以很好地使用他们丰富的组件：个别的模块可以包含被各种协议保护的软件，这些协议从 GPL 到 BSD，但是许可的一些"污染物"将在模块的分解上就完全消灭掉。

学习目标

通过本项目的介绍,熟悉常用的 Linux 操作系统、机器人操作系统 ROS 及其在智能网联汽车中的应用。

能够:
➢ 了解 Linux 操作系统的特点及其在智能网联汽车中的应用。
➢ 了解 ROS 的特点及其在智能网联汽车中的应用。

具体的应用方法请参考相关书籍。

 项目引入

了解常用的 Linux 操作系统、机器人操作系统 ROS 及其在智能网联汽车中的应用,各操作系统的不同点以及操作运行环境。

项目七　智能网联汽车操作系统与应用平台

任务　智能网联汽车操作系统和应用平台简介

知识点：智能网联汽车的操作系统和应用平台。
能力点：了解智能网联汽车的操作系统和应用平台。

 任务情境

操作系统是智能网联汽车的核心，Linux 是一种广泛使用的嵌入式操作系统。嵌入式系统是以应用程序为中心，以计算机技术为基础，软硬件可以根据需要进行增减。ROS 的应用领域除了无人驾驶和智能网联汽车领域外，还包括物流仓储领域、工业生产领域和交通管理领域等。

 相关知识

一、智能网联汽车 Linux 系统

Linux 系统不仅是当前广泛使用的 PC 端操作系统，同时它在移动端领域中也担当着重要角色，这是因为 Android 系统是在 Linux 内核基础上进一步研发而成的。支持 Linux 系统的汽车生产厂家主要有捷豹、路虎、本田日产等，同时还有 ATS、富士通、哈曼、英特尔、LG、NEC、松下三星等车内电子设备厂家。

目前常用的 Linux 发行版本主要为 Red hat、Cent-OS、Debian、Fedora Core、Slackware 等。

Linux 内核是 Linux 操作系统的核心，包括内核的抽象和对硬件资源的间接访问，Linux 以统一的方式支持多任务处理。此方法对用户进程和每个进程都是透明的，内核同时运行多个进程，允许多个进程公平合理地使用硬件资源，并使每个进程在不安全的操作中相互干扰。Linux 内核由进程调度、内存管理、虚拟文件系统、网络接口和进程之间的通信五个子系统构成。

（1）进程调度　进程调度是系统在运行程序时，该程序实时所获得的资源分配以及优先级的调度情况。每个程序至少都包含一个进程。Linux 内核中进程调度就是实时处理各个进程之间的优先级关系，根据进程的优先级来决定该进程的运行状态。进程调度也是其余四个子系统的枢纽。

（2）内存管理　内存管理就是控制系统中正在运行进程之间的内存共享区域。

（3）虚拟文件系统　Linux 系统有两大基本思想：一切皆文件、要明确各个软件的用途。Linux 系统把文件、目录、设备、套接字都定义成文件。它们虽然属于不同的类型，但是 Linux 系统却为它们提供了统一的文件访问接口。

（4）网络接口　网络接口为 Linux 系统在网络通信过程中提供了对网络协议标准的存取和网络硬件的支持。

(5) 进程之间的通信　Linux 系统支持进程之间的相互通信机制。Linux 进程之间的通信机制主要包括套接字、信号、报文、共享内存等。

　　Linux 操作系统具有以下特点：

　　1) 系统源码完全开放，便于进一步研究学习和完善 Linux 系统。

　　2) 免费使用。

　　3) 具有较高的稳定性能，可长时间连续运行。

　　4) 应用领域较为广泛。Linux 系统不仅可在计算机设备中使用，还可以在路由器、机顶盒、手机、平板电脑以及嵌入式设备中进行安装和使用。

　　5) Linux 系统本身消耗的内存相对较少。

　　也正是因为 Linux 系统具有以上特点，所以人们都将 Linux 作为基础系统，从而开展对汽车自主驾驶或智能网联汽车领域的学习和探索。Linux 操作系统是许多顶级汽车制造商首选的汽车开源软件平台，已经取代了无数专有或封闭的操作系统，它不仅用于运行汽车音频或信息娱乐中心，还用于远程信息处理系统、仪表板等。

　　为更好地支持汽车平台软件的应用，通常配置其他可扩展性功能。例如：汽车配备了支持语音识别的远程信息处理模块，而信息娱乐系统也支持用于命令和控制的语音识别，车载信息娱乐系统可以通过联网移动设备实现免提功能等。汽车的网络信息互联不限于汽车中的电子控制单元，还包括汽车与外部世界的通信方式。汽车可能需要接入蜂窝无线网络，信息娱乐系统可连接到车载移动设备，不仅可以访问设备上的多媒体、应用程序和数据，还可以提供访问互联网的新选项。

　　Linux 作为一个开源软件平台，在降低开发成本方面发挥着重要作用，从信息娱乐和音响系统，到需要即时启动与安全层面的远程信息处理系统，利用 Linux 系统运行智能网联汽车功能是一种趋势。

二、应用平台 ROS 概述

　　现代智能网联汽车的自主驾驶系统整合了路径规划、避障、导航、交通信号监测等多个软件模块和计算、控制、传感器模块等多个硬件模块，如何有效调配软硬件资源是一个挑战。简单的嵌入式系统并不能满足无人驾驶系统的上述需求，因此需要一个成熟、稳定、高性能的操作系统去管理各个模块。

　　目前，机器人操作系统可以很好地解决上述问题。ROS 是 Robot（机器人）+Operating（操作）+System（系统）的简称，即为机器人操作系统。目前流行的 ROS 版本有 ROS、Kinetic Kame、ROS Indigo Igloo、ROS Hydro Medusa 等。从严格意义上来讲，ROS 并不是一个真正的操作系统，而是一款用于机器人或人工智能的应用软件开发平台。要保证一个复杂的系统稳定、高效地运行，每个模块都能发挥出最大的潜能，ROS 提供了一个成熟有效的管理机制，使得系统中的每个软硬件模块都能有效地进行互动。ROS 提供了大量的程序库和工具，使得开发人员能够更好地在机器人或人工智能领域中进行学习与研究。另外，ROS 本身还具有许多功能，如硬件设备驱动、可视化工具、消息传递等。ROS 的主要设计目标是为了尽可能地避免或减少"重复造车轮"的现象出现。共享大量可复用的程序及源代码，便于更多的相关领域人才参与到机器人和人工智能两大领域的学习和研究中。目前，ROS 的应用领域除了无人驾驶和智能网联汽车领域外，还包括物流仓储领域、工业生产领域和交通管理领域等。ROS 的特性，包括以下几点：

（1）点对点设计　ROS 在处理进程之间的通信时，采用了耦合度相对较低的点对点设计。

（2）分布式设计　ROS 是一个分布式设计的框架，不仅可以实现 ROS 工程之间的集成和发布，还能够移植到其他机器人软件平台上使用。

（3）支持多种语言　ROS 可支持多种编程语言，如 C++、Java、Python、Lip、Lua、Ruby 等。

（4）丰富的功能软件包　目前 ROS 已经可以支持使用的第三方软件包数量达到数千个，从而大大提高了开发与测试的工作效率。

（5）免费且开源性　ROS 是一款免费且开源的操作系统。ROS 中的所有源代码都是公开发布的，因此有利于人们对 ROS 进一步的学习、研究与完善。

三、ROS 在智能网联汽车中的应用

ROS 操作系统提供了大量的程序库和工具，而且 ROS 本身还具有许多功能，如硬件设备驱动、可视化工具、消息传递等。计算图级是 ROS 为了处理各节点间的数据而建立的一种点对点的拓扑结构图，主要包括：节点、节点管理器、主题、消息、服务、参数服务器和消息记录包。

1. 节点（Node）

一个节点即为一个可执行文件，它通过 ROS 与其他节点进行通信。在智能网联汽车中，可以把激光雷达、毫米波雷达、摄像头、GPS 等传感器设备都分别定义成一个单一的节点。例如，首先把智能网联汽车本身的制动系统定义为一个节点，然后再把激光雷达定义为另一个节点，当激光雷达探测到前方有障碍时，激光雷达所在的这个节点就会发出通知告诉制动系统，制动系统接收到通知后，可根据探测情况，开始进行下一步操作的判断（减速、制动还是继续正常行驶）。

2. 节点管理器（Master）

节点管理器的作用主要有四个方面：为 ROS 节点提供命名和注册服务；方便 ROS 节点之间进行相互查找；有助于 ROS 节点之间建立相互的通信连接；提供参数服务器，帮助 ROS 管理全局参数。

3. 主题（Topic）

主题是节点之间进行通信的最基本方式。节点之间通信时，可以不需要进行直接的连接，而是以发布和订阅的形式通过话题进行消息的传输。一个节点可以发布多个主题，同样，一个主题也可以被多个节点订阅。例如，可分别把智能网联汽车中的摄像头、转向系统、加速系统、制动系统定义成四个节点。由摄像头节点发布一个监测路面是否出现行人的主题，频率为 20Hz，这样就使摄像头节点成为一个主题的发布者，再令转向系统、加速系统、制动系统分别去订阅这个监测路面行人的主题，使其成为主题的订阅者。如果前方没有出现行人，则转向系统和加速踏板将继续正常工作；如果前方出现行人，则转向系统和加速踏板在停止工作的同时会开启制动系统。

4. 消息（Message）

消息是节点之间进行通信传输的一种数据类型。消息类型包括了 ROS 提供的标准类型

和用户自定义的类型。定义消息类型必须包含消息的字段和消息的取值两个部分。例如，定义一个名为障碍物的消息类型，消息类型中包含的三个字段分别是障碍物的长度、宽度和高度。

5. 服务（Service）

服务建立通信的方式基于客户端-服务器的模式，一方面需要客户端发送服务请求到服务器；另一方面需要服务器接收到请求后，对客户端进行服务的响应。当节点之间需要进行直接通信时，只能采用服务的方式进行通信，而不能通过主题的方式进行。例如，智能网联汽车在行驶过程中想要提高车速，于是电子加速踏板节点向毫米波雷达节点发出服务请求，请求消息类型是方向为正前方，测量范围为 200m。毫米波雷达节点接收到服务请求后，进行正前方 200m 以内的探测后，将探测的结果响应给电子加速踏板节点，响应消息类型是无任何障碍物。

6. 消息记录包（Bag）

消息记录包是一种文件格式，主要用于在 ROS 中对消息数据、主题数据、服务数据以及其他信息数据进行保存。通过记录包可实现情景再现功能，主要应用于智能网联汽车相关功能的测试。

任务实施

自行下载 Gazebo 仿真软件，利用 Gazebo 仿真软件环境进行智能网联汽车实时避障的功能试验。并将实验数据填入下列实训工单中。

实训工单

实训项目	利用 Gazebo 仿真软件智能网联汽车实时避障功能试验		
姓名		班级		学号	
实训地点		学时		日期	
实训结果			
实训结果分析			
指导教师		成绩	

归纳总结

1）Linux 是一种广泛使用的嵌入式操作系统，以应用程序为中心，以计算机技术为基础，软硬件可以根据需要进行增减。

2）Linux 代码是完全开放的，Linux 内核是操作系统的灵魂，包括内核的抽象和对硬件资源的间接访问，Linux 以统一的方式支持多任务处理。

3）Linux 是一个实时操作系统，具有高效的 I/O 管理能力，能够处理和存储控制系统所需的大量数据。

4）ROS 是 Robot（机器人）+Operating（操作）+System（系统）的简称，即为机器人操作系统。

5）ROS 本身还具有许多功能，如硬件设备驱动、可视化工具、消息传递等。

思考与练习

1. Linux 内核由几部分构成？
2. Linux 操作系统有哪些特点？
3. Linux 操作系统在智能网联汽车应用中有哪些优势？
4. ROS 的含义是什么？
5. ROS 有哪些特性？

拓展提高

机器人仿真软件 Gazebo 介绍

Gazebo 功能主要有以下几方面。

1. 构建机器人运动仿真模型

在 Gazebo 里，提供了最基础的三个物体（球体、圆柱体、立方体），利用这三个物体以及它们的伸缩变换或者旋转变换，可以设计一个最简单的机器人三维仿真模型。同时，Gazebo 提供了 CAD、Blender 等各种 2D、3D 设计软件的接口，可以导入这些图纸让 Gazebo 的机器人模型更加真实。同时，Gazebo 提供了机器人的运动仿真，通过 Model Editor 下的 plugin，来添加需要验证的算法文件，就可以在 Gazebo 里对机器人的运动进行仿真。

2. 构建现实世界各种场景的仿真模型

Gazebo 可以建立一个用来测试机器人的仿真场景，通过添加物体库，放入如垃圾箱、雪糕桶，甚至是人偶等物体来模仿现实世界，还可以通过 Building Editor 添加 2D 的房屋设计图，在设计图基础上构建出 3D 的房屋。

3. 构建传感器仿真模型

Gazebo 拥有一个很强大的传感器模型库，包括 camera, depth camera, laser, imu 等机器人常用的传感器，并且已经有模拟库可以直接使用，也可以自己从 0 创建一个新的传感器，添加它的具体参数，甚至还可以添加传感器噪声模型，让传感器更加真实。

4. 为机器人模型添加现实世界的物理性质

Gazebo 有一个很接近真实的物理仿真引擎，里面有 force 及 physics 的选项，可以为机器人添加如重力、阻力等，如图 7-1 所示。

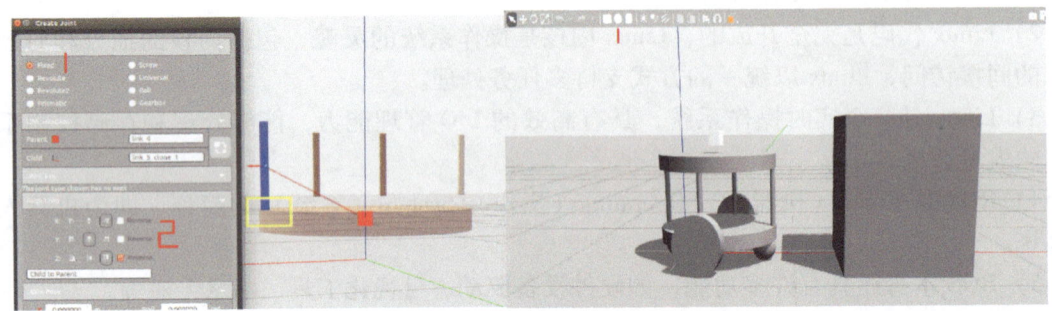

图 7-1　Gazebo 仿真画面

参 考 文 献

[1] 李妙然，邹德伟. 智能网联汽车技术概论［M］. 北京：机械工业出版社，2019.
[2] 王世峰，赵馨，孟颖，等. 基于人工智能的无人驾驶车辆路面识别技术［M］. 北京：机械工业出版社，2018.
[3] 李俨. 5G 与车联网［M］. 北京：电子工业出版社，2019.
[4] 刘少山，唐洁，吴双，等. 第一本无人驾驶技术书［M］. 北京：电子工业出版社，2017.
[5] 王建，徐国艳. 自动驾驶技术概论［M］. 北京：清华大学出版社，2019.
[6] 崔胜民. 智能网联汽车概论［M］. 北京：人民邮电出版社，2019.
[7] 工业和信息化部人才交流中心. 智能互联汽车的网络安全技术及应用［M］. 北京：电子工业出版社，2017.
[8] 王云鹏，田大新，沃天宇. 车辆联网感知与控制［M］. 北京：科学出版社，2018.
[9] 王科，李霖. 智能汽车关键技术与设计方法［M］. 北京：机械工业出版社，2018.
[10] 李力，王飞跃. 智能汽车：先进传感与控制［M］. 北京：机械工业出版社，2017.
[11] 高翔. 视觉 SLAM 十四讲：从理论到实践［M］. 北京：电子工业出版社，2017.
[12] 张伟，胡雄强，王宜怀，等. NBoT 的基本架构与环境监测系统的应用设计［J］. 单片机与嵌入式系统应用，2018，18（11）：4-8.
[13] 闫建来. 智能网联汽车导论［M］. 北京：机械工业出版社，2019.
[14] 呼布钦，秦贵和，刘颖，等. 下一代汽车网络：车载以太网技术现状与发展［J］. 计算机工程与应用，2016，52（24）：29-36.